탄소는 줄이고 지구는 살리고

지구온난화와 탄소배출권

탄소는 줄이고 지구는 살리고
지구온난화와 탄소배출권

2판 2쇄 발행 2022년 9월 20일

글쓴이 스토리베리
그린이 문수민

펴낸이 이경민
펴낸곳 ㈜동아엠앤비
출판등록 2014년 3월 28일(제25100-2014-000025호)
주소 (03737) 서울특별시 서대문구 충정로 35-17 인촌빌딩 1층
전화 (편집) 02-392-6901 (마케팅) 02-392-6900
홈페이지 www.moongchibooks.com
팩스 02-392-6902
전자우편 damnb0401@naver.com
SNS

ISBN 979-11-6363-278-8 74400

※ 책 가격은 뒤표지에 있습니다.
※ 잘못된 책은 구입한 곳에서 바꿔 드립니다.
※ 이 책에 실린 사진은 위키피디아, 셔터스톡에서 제공받았습니다.

도서출판 뭉치는 ㈜동아엠앤비의 어린이 출판 브랜드로, 아이들의 지식을 단단하게 만들어주고,
아이들의 창의력과 사고력을 키워주어 우리 자녀들이 융합형 창의 사고뭉치로 성장할 수 있도록 좋은 책을 만들겠습니다.

탄소는 줄이고 지구는 살리고

지구온난화와 탄소배출권

글쓴이 **스토리베리** | 그린이 **문수민**

# 펴내는 글

지구온난화가 인간의 생존을 위협하는 이유는 무엇일까?
탄소 배출을 줄이기 위해서는 어떻게 해야 할까?

   선생님의 질문에 교실은 일순간 조용해지기 시작합니다. 인내심이 한계에 다다른 선생님께서 콕 집어 누군가의 이름을 부르는 순간 내가 걸리지 않았다는 안도감에 금세 평온을 되찾지요. 많은 사람 앞에서 어떻게 말을 해야 할까 고민 한번 해 보지 않은 사람은 없을 겁니다.
   사람들 앞에서 자신의 생각을 조리 있게 전달하는 기술은 국어 수업 시간에만 필요한 것이 아닙니다. 학교 교실뿐만 아니라 상급 학교 면접 자리 또는 성인이 된 후 회의에서도 자신의 의견을 분명히 표현할 수 있어야 합니다. 하지만 어디서부터 시작해야 할지 몰라 입을 떼는 일이 쉽지 않습니다. 혀끝에서 맴돌다 삼켜 버리는 일도 종종 있습니다. 얼떨결에 한마디 말을 하게 되더라도 뭔가 부족한 설명에 왠지 아쉬움이 들 때도 많습니다.
   논리적 사고 과정과 순발력까지 필요로 하는 토론장에서 자신만의 목소리를 내려면 풍부한 배경지식은 기본입니다. 게다가 고학년으로 올라가서 배우는 수업과 진학 시험에서의 논술은 교과서 속의 내용만을 요구하지 않습니다. 또한 상대의 의견을 받아들이거나 비판하기 위해서도 의견의 타당성과 높은 수준의 가치 판단을 해야 하는 경우가 많은데, 자신의 입장을 분명히 하기 위해선 풍부한 자료와 논거가 필요합니다.
   토론왕 시리즈는 사회에서 일어나는 다양한 사건과 시사 상식 그리고 해마다 반복되는 화젯거리 등을 초등학교 수준에서 학습하고 자신의 말로 표현할 수 있도록 기획

되었습니다. 체계적이고 널리 인정받은 여러 콘텐츠를 수집해 정리하였고, 전문 작가들이 학생들의 발달 상황에 맞게 스토리를 구성하였습니다. 개별적으로 만들어진 교과서에서는 접할 수 없는 구성으로 주제와 내용을 엮어 어린 독자들이 과학적 사고뿐만 아니라 문제 해결력, 비판적 사고력을 두루 경험할 수 있도록 하였습니다. 폭넓은 정보를 서로 연결 지어 설명함으로써 교과별로 조각나 있는 지식을 엮어 배경지식을 보다 탄탄하게 만들어 줍니다. 뿐만 아니라 국어를 기본으로 과학에서부터 역사, 지리, 사회, 예술에 이르기까지 상식과 사회에 대한 감각을 익히고 세상을 올바르게 바라보는 눈도 갖게 할 것입니다.

『지구온난화와 탄소배출권』의 주인공 세강이는 과학 선생님이 숙제로 내준 탄소배출권을 조사하면서 탄소라는 것이 인간의 삶을 위협하고 사람들이 너무나 쉽게 많은 양의 탄소를 배출하고 있다는 것을 알게 됩니다. '저탄소 녹색생활' 행사에 참여해 지구온난화의 무서움과 환경보존의 중요성을 깨달은 세강이와 친구들은 생명을 키우고 돌보는 어머니 지구를 살리기 위해 탄소를 줄이는 생활을 직접 실천하기로 다짐하죠. 이 책을 통해 독자 여러분이 탄소배출권과 지구온난화에 대한 다양한 정보와 특성을 이해하고, 그 과정에서 나타나는 여러 가지 사회 현상을 파악해 올바른 가치관을 갖게 된다면 더없이 소중한 시간이 될 것입니다.

편집부

펴내는 글 4

나에게는 꿈이 있습니다 8

1장 에너지와 탄소배출권 11

엄마 잔소리는 폭풍 같아요

왜 나만 갖고 그러냐고요!

국가 간의 약속, 탄소배출권

토론왕 되기!
유엔 기후변화협약이란?

2장 탄소배출권과 지구 39

지구온난화가 인간의 생존을 위협해요

생명을 키우고 돌보는 어머니 지구가 아파요

지구를 살리기 위해 모두가 노력해요

토론왕 되기!
지구온난화는 우리나라에 어떤 영향을 끼칠까요?

3장 탄소발자국이 지구를 아프게 해요 71

CO₂ 1g을 줄이려면?

탄소발자국을 따라서

두 바퀴와 네 바퀴, 탄소 배출량이 달라요

토론왕 되기!
탄소발자국을 아시나요?

4장 탄소는 줄고 지구는 살고 103

지구를 위해 한 가지는 할 수 있어요

나무는 착한 숨을 쉬어요

녹색생활 선언문을 만들어요

토론왕 되기!
어떻게 하면 탄소 배출을 줄일 수 있을까요?

탄소배출권 관련 사이트 137

어려운 용어를 파헤치자! 139

신나는 토론을 위한 맞춤 가이드 140

나에게는 꿈이 있습니다

어? 곰이다!

아직 어려 보이는데 많이 배고픈가 보다.

말을 걸고 싶지만 날 덮치지는 않을까?

에이, 아기 곰이니까 괜찮겠지. 불쌍해 보이는데 말이나 걸어 보자.

안절 부절

1장

에너지와 탄소배출권

엄마 잔소리는 폭풍 같아요

"아이 추워."

세강이는 저도 모르게 중얼거립니다. 하지만 일어나고 싶지는 않아요. 조금만 더, 조금만 더 자고 싶어 이불 속에서 꼼지락거리기만 합니다.

"얼른 일어나라, 학교 늦는다!"

"엄마, 여기 남극인가 봐. 너무 추워."

"이래도 안 일어날래?"

엄마는 한쪽만 열었던 창문을 마저 활짝 엽니다. 그렇지만 세강이는 이불 속 깊이 파고듭니다. 아침마다 치르는 전쟁이라 이번에는 어떤 공격이 올지 잘 알고 있거든요. 엄마의 공격이 시작되기 전, 세강이는 이불 속에서 엉덩이를 높이 치켜듭니다.

"아휴, 정말 내가 못 살아!"

엄마는 그런 세강이의 엉덩이를 세게 두드립니다. 하지만 이불 때문에 별로 아프지 않습니다. 세강이는 이불 속에서 방어전을 잘 펼친 자신이 대견스러워 미소를 짓습니다.

'이번에는 분명 엄마가 이불을 걷어버리겠지?'

세강이는 다음 방어전을 준비합니다. 아니나 다를까 엄마가 확, 이불을 잡아당깁니다. 그런데 엄마의 힘이 언제 이렇게 약해진 것일까요? 엄마가 이불을 잡아당기다가 바닥에 넘어지고 말았어요. 쿵, 하는 소리에 세강이는 이불 밖으로 얼굴을 빼꼼히 내밉니다. 그러자 엄마가 바닥에 힘없이 주저앉아 있지 뭐예요.

"엄마, 왜 그래?"

"……."

세강이는 침대에서 재빨리 내려가 엄마의 어깨를 흔듭니다. 하지만 엄마가 움직이지 않자 조금 무서운 생각이 듭니다.

"엄마, 엄마!"

"아이고, 시끄러워. 엄마, 안 죽었어."

엄마는 일어나자마자 세강이의 방을 보고 폭풍 잔소리를 퍼붓습니다.

"넌 도대체 어떻게 된 애가 수십 번 말해도 듣지를 않니? 엄마가 방 치우라고 몇 번을 말했어? 방 꼴이 이게 뭐냐고? 쓰레기장이야, 쓰레기장."

엄마가 이렇게 심하게 말하는 것은 처음 봅니다. 엄마는 책상 위에 있는 빈 우유 곽과 휴지 등을 한꺼번에 쓰레기통에 쓸어 넣습니다. 평소라면 엄마는 비닐은 비닐끼리, 종이는 종이끼리 분리수거를 했을 겁니다. 그런데 오늘은 다른 종류의 쓰레기를 쓰레기통에 마구 넣어 버립니다.

'오늘 엄마가 좀 이상한데……?'

세강이는 가만히 있습니다. 조금만 움직여도 엄마의 잔소리가 쏟아질 것 같거든요.

'이럴 땐 피하는 게 최고지.'

세강이는 얼른 화장실로 도망갑니다. 잠은 달아났지만 거울에 비친 자신의 모습은 잠에서 덜 깬 것처럼 부스스합니다.

쪼르르~르.

오줌을 누다 깜짝 놀라 몸을 부르르 떱니다. 오늘따라 엄마의 잔소리를 들어서인지 쉬조차 힘을 잃었나 봅니다. 그러고 보니 엄마가 가장 싫어하는 실수를 또 하고야 말았습니다. 변기 커버를 올리지 않고 볼일을 봐 버렸거든요. 쉬를 하다 말고 한 손으로 자신의 머리를 쥐어박습니다.

"이렇게 멍청하다니, 엄마가 그렇게 말했는데! 또 한 소리 듣겠네."

자신이 한심스러워집니다. 대신 양치와 세수는 구석구석 정성껏 합니다. 엄마의 칭찬을 듣고 싶습니다. 그리고 엄마의 웃는 얼굴도 보고 싶습니다.

"야, 윤세강!"

그런데 화장실에서 나오자마자 엄마는 또 소리를 지릅니다. 엄마가 세강이 아니라 윤세강이라고 부를 때는 굉장히 화가 많이 났다는 뜻입니다.

"너, 얼굴 닦고 수건 거기에 그냥 놓으면 어떡해!"

엄마의 목소리가 아까보다 더 날카롭자 좀 억울한 생각도 듭니다.

'치, 다른 날보다 양치도 더 잘하고, 세수도 꼼꼼하게 했는데…….'

엄마의 칭찬은 고사하고 마른하늘에 날벼락, 아니 마른하늘에 폭탄 잔소리예요.

'어떡하지?'

세강이는 잠시 고민합니다. 엄마가 계속 잔소리만 하니 참으려고 해도 화가 납니다

'내가 오늘 일찍 들어오나 봐라. 실컷 게임하고 늦게 들어올 거야.'

세강이는 책가방을 대충 챙깁니다. 시간표를 보니 어제 들었던 과목 외에 과학과 수학만 챙기면 됩니다. 그런데 과학책이 보이지 않습니다. 책꽂이를 보았지만 어디에 두었는지 도무지 생각이 나지 않네요. 다급한 마음에 책꽂이에 있는 책들을 한꺼번에 꺼내다가 책들이 우르르 떨어지고 맙니다.

"콜록콜록, 아 뭐야, 정말 오늘 아침은 재수가 더럽게 없네."

책장에 있던 먼지들이 우수수 떨어져 코와 목에 들어옵니다.

"우와, 화생방 공격!"

괜스레 화가 납니다.

"우씨, 엄마는 요새 왜 청소도 안 하는 거야."

그렇게 말하면서 바닥에 떨어진 책을 발로 찹니다.

"아야! 아프다! 어휴, 오늘 정말 왜 이러지?"

떨어진 책을 그대로 두고, 가방 지퍼를 올리고 나서 책상 위의 가방을 들어 올리자 책상 위에 있던 연필꽂이와 함께 책 몇 권이 같이 떨어집니다. 연필이며 지우개 등이 우르르 책상 아래로 굴러 떨어집니다. 꼭 세강이처럼, 그것들도 시위를 하는 것 같습니다.

세강이는 방을 나가려다 말고 자신의 방을 한 번 돌아봅니다. 어제 입었던 옷이 방바닥에 널브러져 있습니다. 오늘 아침에 벗어 놓은 잠옷도 있고, 구석에는 빵 봉지와 코를 푼 휴지가 보입니다. 자신의 눈에도 쓰레기

장 같아 보입니다.

　세강이도 이런 모습은 처음입니다. 엄마가 늘 잔소리를 하면서도 치워 주곤 했는데, 요 며칠 세강이에게도, 세강이 방에도 신경을 쓰지 않은 것 같아요. 갑자기 엄마도 방도 꼴 보기 싫어져 쾅, 소리가 나도록 방문을 닫습니다.

　아침이 밝았는데도 밖은 조금 어둡습니다. 꼭 세강이 마음 같아요. 구름 사이로 비집고 나온 햇빛 한 줄기도 없이, 하늘은 답답해 보이기만 합니다. 이런 하늘을 본 게 어제 오늘의 일은 아닙니다. 요즘 들어 부쩍 자주 보기는 했지만요. 엄마 생각을 하니 이상하게 목이 아픕니다. 뭔가 목으로 치미는 것 같지만 꾹 참습니다. 콜록콜록 기침이 나옵니다. 오늘따라 공기가 따갑게 느껴집니다. 서울도 분명, 누군가에게 공격받아서 아픈 거라는 생각이 듭니다.

왜 나만 갖고 그러냐고요!

학교 가는 길은 늘 똑같습니다. 24시간 환한 편의점, 세강이가 초등학교에 들어오기 전부터 있었다는 오래된 문방구, 슬러시와 컵 떡볶이를 파는 가게(요즘 장사가 잘 안 되는지 떡볶이를 파는 아줌마는 그 옆에서 속옷까지 팔기 시작했어요), 세강이 가족이 자주 가는 화덕구이 집이 벌써 문을 열었네요.
"학교 가냐?"
"네. 할아버지, 안녕하세요?"
문구점 할아버지는 얼마나 일찍 일어나서 문을 여는지 4학년이 된 지금까지 문 닫힌 것을 한 번도 본 적이 없습니다. 세강이는 떡볶이 집 앞을 지나고 있는 윤찬이를 발견합니다. 아침부터 또 뭐가 먹고 싶은지 떡볶이 집 앞에서 걸음을 멈추고 서 있습니다.

세강이는 윤찬이의 어깨에 팔을 두르며 말합니다.
"야, 뭐 하고 있냐? 아침부터."
"그냥 배가 고파서."
"뭐? 너야 항상 배가 고프잖아. 새삼스럽긴."
이렇게 말하며 세강이는 쿡 웃습니다.
"아니야, 오늘은 진짜 배고파. 밥을 못 먹었거든."
세강이는 손을 펴서 입 양쪽에 대고 큰 소리로 말합니다.
"여러분, 윤찬이가 세, 상, 에, 아침밥을 안 먹었대요."
"그만해. 정말이야, 나 장난 받아 줄 기분 아니야."

"어떻게, 이, 런, 일, 이……!"

"그만하라고~!!"

세강이가 다시 한 번 놀리려고 하자 윤찬이는 정색을 하며 어깨에 두른 세강이 손을 쳐냅니다. 세강이는 그제야 미안한 마음이 듭니다.

"근데 정말 아침 안 먹었어?"

"응."

"왜?"

"사건은 냉장고 때문에 발생했어. 아침에 일어나니까 냉장고에서 김칫국물이 질질 흘러나와 있잖아. 물도 엄청 나오고."

"그게 왜?"

"엄마 말이 내가 냉장고 문을 너무 열어서 냉장고가 고장 났다는 거야. 나 참……, 아침부터 피 봤다니까."

"피?"

깜짝 놀란 세강이가 윤찬이를 살펴봅니다.

"아니, 내가 다친 게 아니라."

"그럼?"

"냉동실에 있던 많은 고기에서 피가 줄줄 흘러내려서 아침부터 엄마가 그거 치우느라 엄청 고생했어. 암튼 엄마가 고생한 건 알겠는데, 왜, 왜 밥은 안 한 거냐고. 밥통은 멀쩡했는데!"

윤찬이는 금세라도 울 것 같은 표정을 짓고 있습니다. 세강이는 윤찬이의 어깨에 팔을 두릅니다. 윤찬이 마음을 누구보다 잘 아니까요.

교실 안은 시끌벅적합니다. 윤찬이와 장난을 치는데 갑자기 옆에서 큰 소리가 납니다.

"간 떨어질 뻔했네."

"황인정. 너 정말, 여자가."

"나 건드리지 마! 기분 안 좋거든. 그리고 그 성차별적인 발언 좀 삼가 줄래?"

인정이의 저런 모습을 보는 게 한두 번이 아니지만, 오늘은 유난히 신경질적인 모습입니다.

"왜 그래? 무슨 일 있어?"

윤찬이의 물음에 인정이는 아무 말도 하지 않습니다.

"무슨 일 있구나? 속상한 일이야?"

"사실, 있잖아. 아침에 엄마한테 맞았어."

"뭐? 맞았다고?"

윤찬이도 세강이도 깜짝 놀랍니다.

"늦둥이 동생 있잖아, 강아지 말이야. 나 때문에 털이 조금 탔거든."

"뭐? 너네 엄마랑 아빠가 엄청 좋아하는 그 푸들?"

"응. 그놈의 강아지 때문에 엄청 혼났다구. 등짝을 세 번이나 맞았어."

"어우, 아팠겠다."

"그런데 너네 엄마는 강아지를 정말 사랑하나 봐."

 가만히 있었으면 좋았을 걸 윤찬이가 뜬금없는 소리를 합니다. 이래서 윤찬이는 여자애들에게 구박을 자주 받기도 합니다. 세강이는 인정이에게 일어난 사건이 궁금해서 먼저 윤찬이를 살짝 구박합니다.

"야! 넌 이 상황에 그런 말을 꼭 해야겠냐?"

"어, 참, 그렇지. 헤헤."

"흠."

인정이는 헛기침을 한 번 하더니 말을 이어갑니다.

"내 앞머리 좀 봐. 앞머리는 여자의 자존심이잖아. 그래서 아침마다 머리를 감고, 드라이해서 말린 다음에 매직기를 미리 데워 놓거든."

"야, 그래서 어떻게 됐냐고?"

"윤세강, 말 좀 끊지 말아줄래?"

"아, 알았어."

"그리고 매직기로 두세 번 앞머리를 지그시 눌러서 잡아당겨 주는 거야. 그래야 끝이 살짝 말리고 위쪽은 살짝 뜨니까."

"그런데?"

"아이 참, 넌 애가 왜 기다리질 못하냐?"

세강이는 몇 번씩이나 인정이의 핀잔을 들어야만 했어요.

"그렇게 준비를 다 하고 거울을 보고 있는데, 매직기가 떨어진 거지. 그 순간 하필, 그놈의 강아지가 그 아래를 지나가다가 매직기에 데어서 죽는 소리를 하며 깨갱거리는 거야. 그 소리를 들은 엄마는 난리가 났고."

"……."

"내가 더 열 받는 건 그놈의 강아지가 너무 약아 빠졌다는 거야. 걘 엄마가 자기를 얼마나 사랑하는지 알거든. 살이 덴 것도 아니고, 살짝 털끝이 그을린 걸 가지고 나 죽는다, 나 죽는다, 앓는 소리를 하니까 엄마가 열이 받아서는……."

이렇게 말하며 인정이는 한숨을 푹 쉽니다.

"그런데 강아지는 정말 괜찮은 거야?"

이번에는 세강이가 먼저 말을 할 틈도 없이 인정이가 소리칩니다.

"야, 이윤찬! 너는 내 말을 어떻게 들은 거야? 털만 조금 탔다니까. 아무렇지도 않았단 말이야. 그런데도 엄마는 학교 가야 하는 나는 팽개쳐 두고 가장 빨리 문을 여는 동물병원을 찾느라 밥도 안 줬다구."

인정이는 입을 삐죽거리며 가방에서 빨간색 색연필 같은 것을 꺼냅니다.

"그거 뭐야? 먹는 거야?"

"어휴, 너는 먹는 것밖에 안 보이니?"

인정이는 윤찬이에게 눈을 흘기더니 입술에 바르기 시작합니다.

"…… 예쁘다."

윤찬이는 이런 낯 뜨거운 소리를 잘도 한다니까요.

국가 간의 약속, 탄소배출권

수업을 알리는 종소리가 들립니다.

"요놈들, 아침부터 전쟁터라도 나갈 거냐? 왜 이렇게 시끄러워?"

1교시는 과학입니다. 선생님 별명은 '삼성이'. 수업을 할 때 목소리를 세

가지로 바꾸기 때문에 붙은 별명이에요. 가끔 여자 목소리를 낼 때면 세강이와 친구들은 깔깔대며 웃습니다. 처음 그 목소리를 들었을 때 여자아이들은 비명을 질렀지만요.

'아차!'

그제야 세강이는 아침에 과학책을 찾다가 그냥 와 버린 것이 생각났습니다. 선생님의 눈치를 보다가 다른 책을 얼른 펴 놓습니다.

"오늘은 에너지와 탄소 이야기를 해 볼까. 옛날부터 사람들은 많은 것들을 만들고, 편리한 생활을 하기 위해서 지구에 숨겨진 에너지를 찾아 쓰기 시작했단다. 오늘 아침, 너희들도 에너지를 쓰고 왔을 거야. 인정이는 오늘 어떤 에너지를 썼니?"

"음, 아, 네? 그냥 매직기를 썼는데요."

"그럼 전기 에너지를 쓴 거구나. 세강이는?"

"저는 엄마한테 화가 나서 분노 에너지를 썼어요!"

까르르, 저도요, 저도요. 친구들이 책상을 치며 웃습니다. 선생님도 껄껄 웃습니다.

"우리는 전기 말고도 많은 에너지를 사용하고 있어. 난방을 할 때도, 어딘가로 이동할 때도 에너지를 사용하지. 이런 에너지를 쓸 때마다 탄소라는 물질이 나오는데, 이 탄소란 놈이 지나치게 많아지면 사람에게도 지구에게도 나쁜 일이 생긴단다."

"어떤 일이 생기는데요?"

"지구 온도가 올라가서 환경변화 같은 기상이변이 많이 생기지. 얼마 전 필리핀에서 일어난 지진이라든가 미국에서 일어난 폭풍우와 해일도 이것과 관련이 있단다."

"텔레비전에서 봤어요."

세강이도 인터넷에서 얼핏 본 기억이 납니다. 그때는 나와 상관없는 일이라고 생각해서 제대로 보지도 않고 지나쳤어요.

"그런데 에너지를 안 쓸 수는 없잖아요."

인정이가 심각한 얼굴로 말하자 윤찬이와 세강이는 얼굴을 마주 보고 피식 웃습니다. 아침마다 쓰는 매직기를 못 쓰게 될까 봐 그럴 거예요.

"물론이지. 우리가 사는 이 사회는 에너지 소비를 바탕으로 만들어졌으니까."

"그럼, 그 탄소라는 나쁜 걸 안 나오게 하면 되잖아요."

"맞아, 사람들은 그런 사실을 알고 반성을 하게 되었단다. 그래서 탄소배출권이라는 '권리'를 만들어 냈어."

'탄소배출권?'

세강이는 이마를 찌푸립니다. 처음

들어보는 말인 데다 어려워서요.

"그게 뭐예요?"

"온실가스, 즉 이산화탄소 같은 해로운 물질을 줄이자는 약속을 했단다. 교토의정서나 유엔 기후변화협약 등이 그런 약속이지. 이런 약속을 통해서 지구에 생긴 나쁜 물질을 줄여보기로 한 거란다."

"그럼, 잘 지키면 지구는 괜찮아지는 거예요?"

인정이가 여전히 걱정스러운 얼굴로 선생님께 묻습니다.

"잘 지킨다면 말이다."

세강이의 탄소 노트 - 탄소배출권이란?

지구온난화의 주범인 6대 온실가스(온실기체), 즉 이산화탄소(CO_2), 메탄(CH_4), 아산화질소(N_2O), 과불화탄소(PFC_s), 수소불화탄소(HFC_s), 육불화황(SF_6)을 일정기간 동안 배출할 수 있는 권리를 탄소배출권(CERs; Certified Emission Reductions)이라고 해요. 온실가스 배출을 줄여 지구온난화를 방지하기 위해 세계 각국이 모여 탄소배출권이라는 권리를 만들어낸 거랍니다. 이산화탄소 배출을 줄이는 데 성공한 나라들은 줄인 양만큼의 탄소배출권을 사고팔 수 있게 되었어요. 이산화탄소 배출량을 줄이지 못한 각국 기업은 배출량에 여유가 있거나 숲을 조성한 사업체로부터 돈을 주고 권리를 사는데, 이러한 온실가스 감축사업을 청정개발체제(CDM) 사업이라고 해요. 선진국뿐 아니라 개발도상국도 청정개발체제 사업을 실시해 탄소배출권을 얻을 수 있는데 우리나라도 여기에 해당돼요. 우리나라는 2015년에 탄소배출권을 도입했답니다.

탄소배출권 주요 수출국

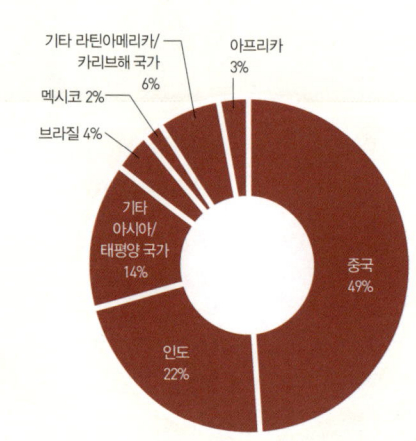

- 기타 라틴아메리카/카리브해 국가 6%
- 아프리카 3%
- 멕시코 2%
- 브라질 4%
- 기타 아시아/태평양 국가 14%
- 중국 49%
- 인도 22%

탄소배출권 주요 수입국

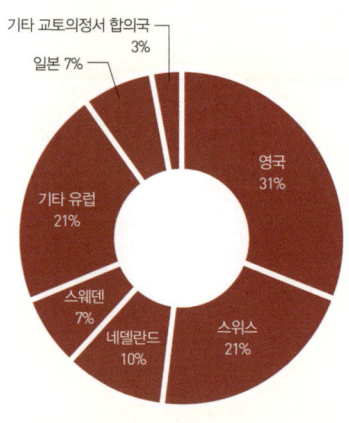

- 기타 교토의정서 합의국 3%
- 일본 7%
- 영국 31%
- 기타 유럽 21%
- 스웨덴 7%
- 네델란드 10%
- 스위스 21%

자료 : 기후변화 UN협약(UNFCCC, 2018)

"만약 약속을 안 지키면요?"

"좋은 질문이야. 약속을 했지만 잘 지키는 나라도 있고, 잘 지키지 않는 나라도 생기겠지. 그래서 '탄소배출권'이라는 권리를 주기로 했단다. 탄소배출권을 잘 지킨 나라는 잘 지키지 못한 나라에 돈을 받고 팔 수 있는 권리를 말이야."

"우와, 어려워요. 어떻게 팔아요?"

반 이곳저곳에서는 고개를 갸웃거리는 친구들이 많습니다. 어떤 친구들은 아예 모르겠다고 대놓고 말하기도 합니다. 그런 아이들을 보고 선생님은 천천히 싱긋, 웃습니다. 세강이는 불길한 예감이 듭니다. 익숙한 말이 나올 것 같거든요.

"수업 시간은 곧 끝나고, 너희들은 잘 이해가 되지 않으니까 '탄소배출권'이 뭔지, 어떻게 하면 탄소 배출을 줄일 수 있는지 더 배워야겠지? 숙제로 내줄테니 세 명이 모둠을 이뤄서 조사해 오도록. 그리고 과학책은 꼭 챙겨오너라."

선생님이 말하자마자 종이 울립니다. 종소리를 들으며 세강이는 한숨을 내쉽니다. 하여튼, 이럴 줄 알았다니까요.

'숙제라니, 귀찮아. 설마 수업하기 싫어서 그런 건 아니시겠지?'

세강이는 입을 삐죽 내밉니다. 하지만 세강이는 과학 선생님을 좋아합니다. 오늘도 과학책을 안 가져온 것을 안 게 틀림없는데 야단치지 않았

유엔(UN) 기후변화협약 진행과정

유엔 기후변화협약은 이산화탄소를 비롯한 온실가스 배출을 제한해 지구온난화를 방지하기 위해 세계 각국이 동의한 협약이랍니다.

1979년
제1차 국제기후총회에서
지구온난화의 심각성 논의

1988년
기후 변화와 관련된 전 지구적 위험을
평가하고 국제적 대책을 마련하기 위해
세계기상기구(WMO)와 유엔환경계획(UNEP)에서
정부간 기후 변화 패널(Inter-Governmental Panel
on Climate Change: IPCC) 결성

1992년
브라질 리우환경회의에서 유
엔 기후변화협약을 체결

1993년
우리나라 세계 47번째로
유엔 기후변화협약에 가입

1997년
일본 교토에서 열린 제3차
기후변화협약 총회에서
교토의정서 채택

2014년 1월
배출권 거래제 기본계획 확정

2014년 9월
배출권 할당 대상업체 지정

2014년 11월
업체별 할당량 결정

2000년 ——— 2005년 ——— 2010년 ——●—●— 2015년 ——— 2020년

2012년 5월
탄소배출권의 할당 및
거래에 관한 법률 제정

2015년
프랑스 파리 유엔
기후변화협약 당사국
총회에서 파리기후협약을 체결
우리나라 탄소배출권 도입

교토의정서와 파리기후협약 비교

협정 비교		
교토의정서		파리기후협약
일본 교토 제3차 당사국총회	개최국	프랑스 파리 제21차 유엔기후변화협약당사국총회(COP21)
1997년 12월 11일 채택, 2005년 발효	채택	2015년 12월 12일 채택, 2016년 발효
주요 선진국 38개국	대상 국가	197개 협약 당사국
2008년~2020년 (1기: 08~12년, 2기: 13~20년)	적용 기간	2020년~ (종료기간 없음)
• 기후변화의 주범인 주요 온실가스 정의 • 온실 가스 배출량 감축(1기 평균 5.2%, 2기 평균 18%) • 온실가스 감축 목표치를 차별적으로 부여(선진국에만 온실가스 감축 의무 부여) 미국, 캐나다, 일본, 러시아 등 선진국의 거부와 불참 등 한계점 드러남	목표 및 주요 내용	• 지구 평균온도의 상승폭을 산업화 이전과 비교해 2℃ 아래로 막고 1.5℃ 이상 제한하기 위해 노력 • 온실가스를 좀 더 오랜 기간 배출해 온 선진국이 더 많은 책임을 지고 개발도상국의 기후변화 대처를 지원 • 선진국과 개발도상국 모두 책임을 분담하며 전 세계가 기후 재앙을 막는 데 동참 • 2023년부터 5년마다 당사국이 탄소 감축 약속을 지키는지 검토
개발도상국으로 분류되어 1차 감축 의무 부과되지 않음	우리나라	2030년 배출전망치 대비 37% 감축안 발표

으니까요.

집에 왔지만 엄마가 없습니다. 전화도 받지 않습니다. 슬슬 배가 고픕니다. 늦게까지 연락이 없는 엄마가 걱정이 됩니다.

'이런 일이 없었는데, 무슨 사고라도 난 걸까? 아파서 병원에 갔나?'

온갖 생각이 다 들자 이젠 컴퓨터 게임도 재미없습니다. 바로 그때 현관문 비밀번호 누르는 소리가 들리자 세강이는 얼른 현관으로 뛰어갑니다.

"엄마!!!"

엄마가 돌아온 게 틀림없습니다. 아침에 화가 난 것도 잊어버리고 안심이 된 세강이는 엄마한테 미안하다는 말도 하고 싶습니다. 그런데 들어온 사람은 엄마가 아닙니다. 세강이는 멀뚱히 바라보기만 합니다.

"아빠 왔다."

늘 늦게 퇴근하는 아빠가 오늘따라 일찍 집에 돌아왔습니다.

"아빠? 왜 이렇게 일찍 오셨어요?"

"녀석, 아빠가 일찍 와서 싫어?"

"아, 아니요. 엄마인 줄 알았어요."

"그래, 엄마가……."

아빠는 방에 들어가려다 말고 식탁을 보고는 발걸음을 멈춥니다. 그러고는 식탁 의자에 윗옷을 벗어서 걸쳐 놓더니 식탁을 정리하고, 설거지를 합니다. 아빠의 그런 모습을 처음 본 세강이 눈이 휘둥그레집니다. 설거

세강이의 탄소 노트 — 영화 속 탄소 이야기

<설국열차>라는 영화를 보면 온실가스 배출 증가로 인해 지구온난화와 기상이변 현상이 심해져 지구의 온도를 낮추기 위해 개발한 냉각제를 성층권(대류권 위로부터 약 50km 까지의 대기층으로 오존층이 있어 위로 올라갈수록 온도가 올라감)에 뿌린다는 특이한 설정으로 영화가 시작됩니다. <설국열차>는 지구온난화가 빙하기라는 부작용을 발생시켰고 지금처럼 온실가스 배출이 증가하면 먼 미래 우리도 설국열차를 탑승해야 할지도 모른다는 경고를 줍니다.

영화 <설국열차>의 한 장면(출처 : 네이버 무비)

지를 하는 아빠라니요. 아빠가 설거지를 하는 동안 세강이도 옆에 서 있습니다. 정리를 끝낸 아빠가 웃으며 말합니다.

"세강아! 우리 엄마도 없는데 맛있는 거 시켜 먹을까?"

"정말요? 예~에~스!"

신이 난 세강이는 주먹을 쥔 손을 들어 아래로 내립니다.

"자식, 그렇게 좋으냐?"

아빠는 세강이를 보고 껄껄 웃습니다. 곧바로 치킨집, 피자집에 전화를 겁니다. 이게 웬 떡, 아니 치킨과 피자인가요. 세강이는 텔레비전을 보며 먹고 먹고, 또 먹습니다. 하지만 둘이 먹기에는 음식이 많았던지 남았습니다. 아빠는 남은 치킨과 피자가 담긴 상자의 뚜껑을 덮어 식탁 한쪽에 밀어둡니다.

　배부르고 따뜻하니 솔솔 잠이 옵니다. 오랜만에 세강이는 아빠 배를 베고 누웠습니다. 시간이 지날수록 나오기만 하는 아빠 배는 베개보다 푹신합니다. 곧이어 잠이 쏟아집니다. 아빠의 코 고는 소리가 들립니다. 아빠도 세강이처럼 배가 부르고, 따뜻했던 모양입니다.

　세상모르고 자는데 무슨 소리가 들립니다. 세강이가 먼저 눈을 비비며 일어납니다. 엄마입니다. 엄마의 얼굴은 몹시 지쳐 보입니다. 옷도 갈아입지 않고, 아빠와 세강이가 먹고 남긴 음식들을 치우고 있습니다. 아빠

도 잠이 깼는지 엄마를 보며 졸린 소리로 말합니다.

"당신 왔어? 언제 왔어?"

"방금. 그런데 당신 꼭 이렇게 내가 없는 티를 내야겠어요? 나 없다고 정말 이럴 거냐구요?"

엄마의 잔소리 공격은 아빠에게로 향합니다. 세강이는 자신에게 불똥이 튀기 전에 얼른 방으로 도망갑니다.

"어휴, 오늘 도대체 왜 저러냐고."

엄마에게 들었던 미안한 마음이 쏙 들어갑니다. 오히려 엄마의 잔소리를 고스란히 듣고 있을 아빠가 불쌍하다는 생각이 듭니다. 그런데 어디선가 우는 소리가 들립니다. 엄마가 우는 소리입니다. 세강이는 방문을 살짝 열고 살펴봅니다. 아빠가 엄마를 안고 등을 토닥이고 있습니다.

"미안해, 여보. 그만 들어가서 좀 쉬어."

아빠는 늦게 들어온 엄마에게 화도 내지 않고, 잔소리를 퍼부은 엄마에게 미안하다고 합니다.

'엄마가 왜 울지? 무슨 일이 있나? 양말 아무 데나 벗어놓는다고 또 아빠랑 싸웠나?'

세강이는 침대에 눕습니다. 하지만 눈만 말똥말똥, 잠이 오지 않는 밤입니다.

유엔 기후변화협약이란?

지구온난화를 방지하기 위해 세계 각국이 동의한 기후변화협약의 진행과정은 크게 유엔 기후변화협약, 교토의정서, 파리기후협약으로 정리할 수 있어요. 각각의 특성과 차이점이 뭔지 함께 살펴볼까요?

1. 유엔 기후변화협약

유엔 기후변화협약은 지구온난화를 규제·방지하기 위한 국제협약으로 정식 명칭은 "기후 변화에 관한 유엔 기본협약"(UNFCCC)입니다. 지구온난화로 인해 이상 기후 현상이 발생하는 것을 예방하기 위해 각국의 대표들이 모여 1992년 6월 브라질의 리우환경회의에서 채택했어요. 회의 참가국 178개국 중 우리나라를 포함한 154개국이 서명했으며, 1994년 3월 21일 공식 발효했습니다. 온실가스 배출에 책임이 있는 선진국들이 더 많은 책임을 지고 뒤늦게 개발을 시작한 개발도상국의 상황을 배려하는 것을 원칙으로 정했어요. 도서국가연합(AOSIS) 및 유럽연합 국가들은 이 협약에 구속력이 필요하다고 주장했으나 미국 등 몇몇 선진국들이 반대하여 약속을 하는 데 그쳤습니다. 2001년 9월 7일까지 186개국이 가입했는데, 우리나라는 1993년 12월 47번째로 가입했어요.

2. 교토의정서

1997년 12월 일본의 교토에서 열린 제3차 기후변화협약 총회에서 채택된 의정서로 유엔 기후변화협약이 강제성이 없었던 것과 달리 의무적으로 배출량을 제

파리기후협약 포스터　　　파리기후협약의 최종 합의문을 채택한 뒤 기뻐하는 모습

한하고 있으며 유엔 기후변화협약보다 더 널리 알려져 있습니다. 교토의정서에서는 감축목표를 효율적으로 이행하기 위해 감축의무가 있는 선진국들이 서로의 배출량을 사고팔 수 있도록 하거나(배출권 거래제), 다른 나라에서 달성한 온실가스 감축실적도 해당국 실적으로 인정해 주는 등 다양한 방법을 인정하고 있습니다. 우리나라는 당시 개발도상국으로 분류되어 의무 대상국에서 제외되었습니다.

3. 파리기후협약

2015년 12월 12일 프랑스 파리 유엔 기후변화협약 당사국 총회에서 2020년 이후 새로운 기후체제 출범을 위한 합의문이 도출되면서 우리나라를 포함한 197개 선진국과 개발도상국이 파리기후협약에 참여하게 되었습니다. 교토의정서 체제(2020년 만료)의 연장선으로 이전에는 의무감축 대상이 선진국이었다면, 파리기후협약은 선진국과 개발도상국의 구분 없이 '모든 국가가 자국이 스스로 정한 방식에 따라 2020년부터 의무적으로 온실가스 배출 감축을 시행'하는 197개국 모두의 범사회적 약속입니다. 파리기후협약은 환경 문제를 전 세계가 인지하고 함께 나아갈 방향을 구체적으로 제시하고 있다는 데 의의가 있습니다. 그러나 여전히 법적인 구속력이 없기 때문에 영향력이 있을지 의문을 제기하는 측도 있습니다. 여러분은 어떻게 생각하나요? 법적인 구속력이 없어도 기후변화협약이 잘 지켜질 수 있을까요?

 다음은 지구온난화를 방지하기 위한 국제협약에 대한 설명이에요. 어떤 협약에 대한 설명인지 알맞게 줄을 그어 보아요.

1. 의무적으로 배출량을 제한해야 해서 강제성이 있어요. 우리나라는 당시 개발도상국으로 분류되어 의무 대상국에서 제외되었지요.   ●   ● 유엔 기후변화협약

2. 선진국과 개발도상국의 구분 없이 모든 국가가 자국이 스스로 정한 방식에 따라 의무적인 온실가스 배출 감축을 시행하도록 하는 197개국 모두의 범사회적 약속입니다. 하지만 법적인 구속력은 없어요.   ●   ● 교토의정서

3. 온실가스 배출에 역사적 책임과 재정 능력이 있는 선진국들이 더 많은 책임을 지고 뒤늦게 개발을 시작한 개발도상국의 상황을 배려하는 것을 원칙으로 정했지만 구속력은 없어요. 우리나라는 47번째로 가입했지요.   ●   ● 파리기후협약

정답: 1-교토의정서 2-파리기후협약 3-유엔 기후변화협약

2장
탄소배출권과 지구

지구온난화가 인간의 생존을 위협해요

밤새 잠을 잘 못 자서인지, 늦잠을 자고 말았어요. 기분도 좋지 않고, 모래가 들어간 것처럼 눈이 까슬까슬합니다.

거실에서는 엄마와 아빠가 조용히 이야기하고 있습니다. 토요일에 아빠가 쉬는 모습도 오랜만에 봅니다. 분위기로 봐서는 무슨 심각한 일이 있는 모양입니다. 엉거주춤 서 있는 세강이를 엄마가 부릅니다. 하지만 엄마는 좀처럼 입을 쉽게 떼지 못합니다. 엄마의 눈에 눈물이 고이기 시작하자 아빠가 대신 말합니다.

"세강아, 사실은 외할머니가 많이 편찮으셔."

세상에서 세강이를 가장 사랑하는 사람이 있다면 바로 외할머니입니다. 말썽을 부려도 '우리 예쁜 강아지', 게으름을 피워도 '우리 귀여운 강아지'라고 합니다. 변기 뚜껑을 올리지 않았다고 혼내지 않는 사람도 외할머니밖에 없습니다.

쿵, 머리 위에 돌이라도 떨어진 듯 아무 생각이 나지 않습니다. 세상이 멈춘 것 같습니다.

"엄마가 요즘 짜증내서 미안해."

엄마가 세강이 손을 잡습니다. 세강이도 뭐라고 말하고 싶지만 할 말이 떠오르지 않아 말없이 엄마의 얼굴만 바라봅니다. 세강이를 바라보는 엄마의 눈에서 굵은 눈물이 떨어집니다.

"외할머니 많이 아파요? 저, 저도, 잘못했어요……."

말을 제대로 하지 못하고 앙 울음을 터뜨리자 엄마가 세강이를 꼭 안아 줍니다. 엄마의 어깨가 떨립니다. 아빠는 세강이와 엄마를 모두 안고 등을 쓸어 줍니다.

"참, 배고프지? 엄마가 얼른 밥 해 줄게."

오랜만에 아빠와 함께 아침밥을 먹습니다. 아빠와 세강이가 좋아하는 불고기 반찬이 있습니다. 하지만 예전처럼 많이 먹을 수가 없습니다. 밥이 목에 넘어가지 않습니다. 자꾸만, 자꾸만 외할머니 생각이 납니다.

"오메, 우리 강아지 왔네."

추석에 내려갔을 때 외할머니는 집 앞 공터까지 나와서 기다리고 있었습니다.

"엄마도 참, 집에서 기다리라니까."

"그럴 수 있간, 우리 귀여운 강아지 오는디."

외할머니가 세강이의 얼굴을 쓰다듬어 주었습니다. 손은 거칠었지만 따뜻했습니다.

"얼른 집에 가자. 우리 강아지가 좋아하는 거 많이 혔어."

외할머니는 세강이를 보며 어린아이처럼 환히 웃었습니다.

어른들 표현대로라면 그야말로 '상다리가 부러질' 정도였습니다. 간장게장, 잡채, 불고기, 갈비 등 모두 세강이가 좋아하는 것만 가득 찬 밥상이었습니다.

"엄마는 뭘 이렇게 많이 차렸어. 얘가 먹으면 얼마나 먹는다고."

엄마는 외할머니에게 핀잔 아닌 핀잔의 말을 건넸습니다.

"그려도, 이왕 허는 것인디. 남으면 싸 가면 되지. 우리 강아지 많이 먹어라잉."

외할머니가 만드는 음식이 맛있는 것은 '손맛' 때문이라고 합니다. 아무래도 외할머니 손에는 아주 특별한 게 있나 봅니다.

엄마가 불고기를 숟가락 위에 얹어줍니다. 세강이는 또 외할머니 생각이 납니다. 엄마는 밥을 제대로 먹지 못합니다. 밥을 다 먹고 그릇을 개수대에 놓은 세강이는 엄마를 등 뒤에서 안아 줍니다.

"엄마, 어젠 죄송했어요. 나도 외할머니 보러 갈래요."

"응, 그러자. 그러자."

엄마는 말끝을 흐리며 그러자고 말합니다. 방에 들어온 세강이는 과학 숙제가 생각납니다. 병원에 가기 전에 숙제를 조금이라도 하려고 컴퓨터를 켭니다.

"세강이 뭐 찾고 있어?"

아빠가 묻습니다. 아빠는 어느새 양복 차림입니다. 오늘도 회사에 출근

하는가 봅니다.

"과학 숙제 하려고요. 아빠는 회사 가세요?"

"너만 있으면 안 나가려고 했는데, 엄마가 너랑 병원에 간다니 나가 봐도 되겠다 싶어서."

"네, 다녀오세요."

"녀석, 숙제가 뭐냐?"

"탄소배출권요."

"탄소배출권? 요즘엔 초등학생도 어려운 거 배우네."

아빠는 현관 앞까지 갔다가 생각났다는 듯 다시 세강이를 돌아봅니다.

"참, 이따 병원에 외삼촌 온다니까 궁금한 건 물어봐."

"외삼촌한테요?"

"그래. 환경 다큐멘터리를 많이 찍으니까 잘 알 거야."

"아! 맞다! 왜 그 생각을 못 했지?"

"엄마랑 병원에 가 있어. 아빠는 이따 저녁 때 갈게."

아빠는 세강이 어깨를 툭툭 쳐주곤 나갑니다.

"외삼촌이 있으니 문제없어."

기운이 난 세강이는 컴퓨터 앞으로 가서 키워드를 입력합니다.

"어어라? 이게 다 뭐야?"

탄소배출권으로 검색하자 지구온난화에 대한 사진이 많이 뜹니다. 설명은 어렵지만 점점 뜨거워지는 지구 사진을 많이 보니 이해가 됩니다.

"인도에서는 섭씨 50도에 달하는 불볕더위에 2500명이 목숨을 잃었다. 20세기 이후 전 세계에서 5번째로 많은 인명 피해를 부른 폭염이었다. 인도뿐 아니라 이웃 나라인 파키스탄 남부 일대에서도 최고 섭씨 48도의 무더위가 이어져 1332명이 숨졌다. 이라크 정부는 섭씨 50도를 오르내리는 폭염 때문에 임시 공휴일을 선포했다. 이탈리아와 일본 등지에서도 섭씨 40도에 육박하는 무더위가 이어지면서 고령층을 중심으로 사망자가 잇따르고 있다."

지구온난화의 원인이 되는 공장의 매연

깜짝 놀랄 일입니다. 너무 더워서 죽는 사람이 이렇게 많다니요. 이번에는 지구온난화로 생긴 기후 변화에 대한 기사를 읽어봅니다. 비가 많이 와서 물에 잠긴 중국 이야기도 있습니다. 미국 캘리포니아에서는 산불이 자주 일어나서 산이 활활 타오르고 있습니다. 그 아래로는 2013년 필리핀을 덮친 태풍 '하이옌'이라는 기사도 있습니다.

"이 모든 것이 지구온난화 때문이라고?"

세강이는 이마에 주름을 잡고 심각하게 화면을 들여다봅니다. 인간의 생존이 위협당할 정도면 앞으로 큰일이잖아요.

생명을 키우고 돌보는 어머니 지구가 아파요

병원에 가는 동안 세강이는 엄마 손을 꽉 잡습니다. 엄마도 세강이의 손을 꽉 잡고 놓지 않습니다. 병원에 가는 시간이 길게만 느껴집니다. 엄마는 '중환자실'이라고 쓰인 병실로 들어갑니다. 세강이도 엄마 뒤를 따라 들어갑니다.

외할머니의 모습을 보자마자 세강이는 울고 싶어집니다. 외할머니는 누워 있습니다. 그런데 그냥 누워 있는 것이 아니라 몸에는 많은 줄들이 연결되어 있습니다. 손가락에 매달려 있는 집게처럼 생긴 것이 기계와 연결되어 있습니다. 팔에는 주삿바늘이 꽂혀 있습니다. 주삿바늘도 여러 개의 관들과 연결돼 있습니다.

"엄마 나 왔어. 엄마가 세상에서 제일 사랑하는 세강이도 왔어, 엄마."

엄마는 외할머니에게 인사를 합니다. 세강이도 엄마를 따라 인사를 합니다.

"외할머니, 외할머니 강아지 왔어요."

철이 들면서부터 외할머니가 강아지라고 부르는 게 창피했는데 지금은 외할머니가 어서 일어나서 강아지라고 불러 주면 좋겠습니다. 하지만 외할머니는 아무 말이 없습니다. 그냥 누워만 있습니다. 눈은 감겨 있고 손 끝 하나 움직이지 않습니다.

세강이는 울고 싶지만 자신이 울면 엄마가 더 슬퍼할 것 같아서 꾹 참습니다. 엄마는 수건으로 외할머니의 얼굴과 손등을 닦아 줍니다. 아무 대답도 없는 외할머니에게 계속 이야기를 합니다.

"수건 좀 빨고 올 테니 외할머니 잘 보고 있어."

세강이는 외할머니 손을 잡습니다. 병원에만 있어서인지 할머니 손에는 하얀 각질이 일어나고 있습니다. 할머니 손은 예전보다 부드럽습니다. 거칠던 옛 손이 그립습니다. 엎드려서 손에 볼을 갖다 대자 참았던 눈물이 쏟아집니다. 갑자기 어디선가 급박한 경고음이 들립니다. 외할머니와 연결된 기계에서 나는 소리 같습니다.

"엄마! 엄마!"

세강이는 벌떡 일어납니다. 덜컥 겁이 납니다. 자신 때문에 외할머니가 잘못된 건 아닌지 무섭습니다. 그때 누군가가 세강이의 어깨를 보듬어 줍니다. 외삼촌입니다.

"괜찮아, 걱정 마."

외삼촌은 할머니의 손에 끼워 있는 집게를 다시 잘 고정시킵니다.

"봐, 이제 아무 소리도 안 나지? 우리 세강이가 놀랐구나."

외삼촌 말을 듣는 순간 가슴이 북받쳐 올라 외삼촌의 허리를 안고 울음을 터뜨립니다. 엄마가 들어오자 외삼촌은 세강이를 데리고 휴게실로 갑니다. 세강이가 마음을 가라앉힐 때까지 아무 말도 없이 옆에 앉아 있습니다. 울음을 그치고 고개를 드니, 눈앞에 음료수가 놓여 있습니다.

"이제 좀 괜찮아?"

외삼촌이 세강이의 머리를 쓰다듬습니다. 크고 따뜻한 손입니다. 외할머니 손과 비슷합니다.

"네."

"외할머니 곧 좋아지실 거야. 너무 걱정하지 말고."

"정말요?"

"응, 이번만 견뎌내면 좋아질 거라고 의사 선생님도 말했어."

외삼촌은 이번에는 머리를 쓰다듬는 수준이 아니라 머리카락을 흩어버

탄소배출권과 지구

리기로 작정한 사람처럼 세강이의 머리카락을 마구 흔듭니다.

"외삼촌, 저 이제 어린애 아니거든요? 벌써 어엿한 4학년이라구요."

"아이구, 그러셔요? 4학년님."

외삼촌이 껄껄 웃습니다.

"숙제는 다 했어? 아빠가 전화했던데? 너 숙제 좀 도와달라고."

"아~ 숙제."

그제야 과학 숙제가 생각납니다.

"탄소배출권이라고?"

"네, 맞아요. 탄소배출권."

"탄소배출권을 알려면 지구온난화부터 알아야 할 텐데."

"그건 알아요. 인터넷에 찾아봤더니 많이 나오더라구요. 그런데 지구가 뜨거워지는 것이 그렇게 나쁜 일들을 불러 오는지 처음 알았어요."

"맞아, 잘 알고 있네. 외삼촌이 참여했던 다큐멘터리가 있는데 그거 잠깐 보고 얘기해 보자."

　외삼촌은 태블릿 피시를 꺼내 세강이에게 보여 줍니다. 언젠가 꿈속에서 보았던 북극곰의 모습이 보입니다. 열심히 헤엄치던 북극곰은 얼음 위로 올라오려 했지만 얼음이 보이지 않아 다시 헤엄치고, 헤엄치다가 지쳐 갑니다. 어떤 북극곰은 얼음이 녹아서 물에 빠져 죽기도 합니다.

　커다란 거북이도 보입니다. 거북이의 주요 먹이인 해초와 산호가 죽어 먹을 것이 없어졌고, 해수면이 높아져서 알을 낳을 수 있는 섬의 해변도 사라지고 있다고 합니다.

　그런데 동물뿐만이 아니었습니다. 가문비나무도 말라서 죽어가고 있습니다. 원래 추운 지역에서 자라는 나무인데 온도가 상승하자 좀벌레가 번성하면서 숲 전체가 죽어가고 있습니다.

　동물들도 식물들도 살기 힘들어지는 모습을 보니 안타깝고 가슴이 먹먹해집니다. 영상이 끝났는데도 세강이도 외삼촌도 잠시 말을 잇지 못합니다. 현장에서 직접 이런 모습을 본 외삼촌은 마음이 더 아플 것 같습니다.

　세강이는 할 말이 생각나지 않습니다. 인터넷

에서 보던 것과는 달리 다큐멘터리는 사진이 아니라 살아 움직이는 모습이어서인지 더 충격으로 다가옵니다. 지구 곳곳이 파괴되고 그 속에서 사는 생물들은 커다란 고통을 받고 있습니다.

"인터넷에서 봤어요. 홍수가 나자 사람들이 집과 가족을 잃어서 울고 있었어요. 또 어디는 산불이 계속 나고, 너무 더워서 죽는 사람도 있다고……."

"그래, 그런 일들이 지구의 온도가 점점 상승하기 때문에 일어나는 일들이란다."

"너무 심한 것 같아요."

"맞아, 지구에 너무 심한 일들이 일어나고 있어. 어떤 나라는 모기가 옮기는 말라리아나 뎅기열에 고통받고 있어. 예전에는 기온이 높고 고도가 낮은 곳에서만 발병했지만, 지구온난화 때문에 현재는 고도가 높아 기온이 낮은 지대에서도 발병하면서 고통받는 사람들이 점점 늘어나고 있지.

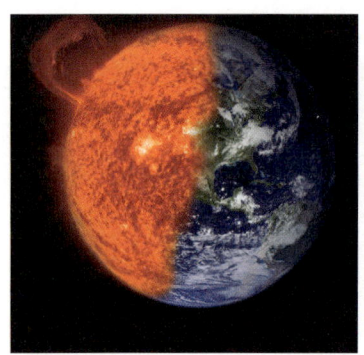
지구온난화로 뜨거워지는 지구

북극곰

혹시 투발루라는 나라, 들어 봤니?"

"아니요. 처음 들어요."

"이 화면 좀 봐."

한 여성이 투발루 주민을 인터뷰하고 있습니다.

"더 이상 파도는 자장가 소리가 아니다. 우리 모두 곧 휩쓸려 갈 것이다."

말을 하는 투발루 주민의 얼굴은 죽음을 목격한 사람처럼 침울해 보입니다. 이미 일부 작은 섬 지역은 해수면 아래에 잠겼고, 마셜 제도의 주민들은 기후난민이 돼 살 곳을 잃었다고 합니다.

투발루 사람들은 이런 재해에 맞서 노력하고 있었습니다. 점점 차오르는 바닷물 때문에 곡식 경작도 못 하고 마실 물도 구하기 어려운 투발루 국민들은 방조제를 쌓고, 염분에 강하다는 맹그로브 나무를 심기도 합니다. 하지만 이 가난한 나라는 결국 2013년에 국가 위기를 선포하고 기후난민이 되는 길을 선택했다고 합니다.

투발루 푸나푸티 해변의 모습

맹그로브 나무

"기후난민이 뭐예요?"

세강이는 외삼촌에게 묻습니다.

"기후 변화로 더 이상 자기 나라에서 살 수 없으니까 다른 여러 나라로 흩어져 살기로 한 거야. 그런데 기후난민을 일부 받아주는 나라가 있는 반면, 기후난민을 받아주지 않는 나라도 있어. 사실 강대국들이 개발과 편리를 위해 사용한 에너지의 대가를 엉뚱하게도 수천 킬로미터 떨어진 투발루와 같은 가난한 섬나라 사람들이 치르게 된 거지."

"투발루 사람들이 너무 불쌍해요."

"그렇지? 잘못은 다른 사람들이 했는데 투발루 사람들이 피해를 입다니. 외삼촌도 화가 나네."

"지구가 아프니까 사람들도 아프게 됐네요. 지구도 외할머니처럼 주사라도 맞으면 좋겠어요."

"그러게. 모든 생명을 키우고 보듬는 지구는 어머니와 같아. 외할머니

세강이의 탄소 노트 기후난민이란?

지구온난화 및 여러 가지 개발로 인해 홍수, 폭설, 가뭄 등 전 세계적으로 자연재해가 점점 심각해지는데, 이때 발생한 현상으로 피해를 보는 사람들을 기후난민이라고 합니다. 환경난민, 기상난민이라고 표현하기도 하죠.

🧒 세강이의 탄소 노트 *영화 속 기후 이야기*

"황사 같은 먼지가 거대한 폭풍처럼 몰려오고, 밀농사가 불가능해져서 옥수수만 심으며, 병든 사람들이 점점 늘어난다."

국내에서 천만 명 이상의 관객이 봤던 영화 〈인터스텔라〉 속의 지구는 극심한 기후 변화를 겪으며 황폐해졌고, 병충해로 인해 식량난에 시달리고 있어요. 영화 속 인류는 종말을 향해 치닫고 있는 것처럼 보이죠.

이러한 현실은 영화 속에서만 일어나는 일이 아녜요. 이미 전 세계에서 최악의 가뭄, 폭우, 더위, 추위 등 기상이변이 일어나고 있죠. 이런 일이 일어나지 않도록 우리 모두 환경을 소중히 여기고 아끼는 생활을 실천해야겠죠?

영화 〈인터스텔라〉 속 한 장면
(출처: 네이버 무비)

처럼 헌신적으로 우리를 돌봐 주었지. 그런데 인간의 욕심 때문에 어머니 지구가 병들어 아파하고 있구나. 우리 세강이 말처럼 치료제가 있으면 좋겠다. 그래도 다행인 것은 사람들이 지금이라도 잘못을 깨닫고 지구를 살리려고 노력하고 있다는 거야."

"정말요?"

"그럼, 그게 바로 '탄소배출권'이야."

"쉽게 설명해 주시면 안 돼요? 쉬~입게."

세강이는 '쉽게'라는 말을 강조합니다.

"음……."

외삼촌은 잠시 끙끙거리며 생각하더니, 무엇인가 생각났는지 웃으며 세강이를 바라봅니다.

지구를 살리기 위해 모두가 노력해요

"토끼 나라와 거북이 나라가 있어."

"에이, 너무하네. 저 어린애 아니라니까."

"알았다, 녀석아. 참고 들어 줘. 나이 들어서 그런가, 그런 이야기밖에 생각이 안 난다."

"하하하. 할 수 없네. 알았어요."

"토끼 나라는 온실가스를 1000톤 배출할 수 있고, 거북이 나라는 1200톤을 배출할 수 있도록 허락을 받았어. 머리를 잘 쓰는 토끼 나라는 800톤의 이산화탄소를 배출했지. 그러면 원래 허락받은 양에서 토끼 나라는 얼마 남았지?"

"200톤요."

"빙고!"

외삼촌은 정말 어려운 문제라도 맞힌 듯 기쁜 목소리로 대답합니다. 텔레비전에 나오는 아나운서처럼 손을 내밀며 '정답입니다'라고 안 한 것이

다행이에요.

"그럼, 거북이 나라는 어떨까? 거북이 나라는 아까 이산화탄소를 몇 톤 배출할 수 있었지?"

"1200톤요."

"기억력 좋네?"

외삼촌은 빙긋 웃으며 다시 세강이의 머리카락을 헝클어뜨립니다.

"그런데, 이게 무슨 일이냐? 거북이 나라에 200톤 더 많은 1400톤의 이산화탄소가 나온 거야. 허용기준을 200톤이나 초과한 거지. 그래서 거북이 나라는 6천만 원이라는 벌금을 내야 하는 처지가 되어버렸어. 그런데 오염 배출권을 자유롭게 거래할 수 있다고 생각해 보자. 거북이 나라는 어떻게 할까?"

"토끼 나라에서 사면 되잖아요."

"그렇지. 토끼 나라는 거북이 나라에 톤당 20만 원의 가격에 200톤만큼의 탄소배출권을 판매하기로 했어. 그러면 거북이 나라는 4천만 원만 내면 되니까 벌금 6천만 원을 다 내지 않고 2천만 원을 아끼게 되는 거야."

"아, 그러니까 탄소배출권이라는 걸 이렇게 사고팔 수 있게 했다는 거죠?"

"그렇지, 나라들끼리 약속을 한 거지. 이만큼만 탄소를 배출하자. 그렇

세강이의 탄소 노트 — 세계 주요 탄소배출권 거래 현황

국제 탄소거래 파트너쉽(ICAP, 2015) 기준 39개 국가에서 17개의 탄소배출권 거래제를 운영 중에 있습니다. 특히 유럽연합(EU)의 거래제에는 현재 31개국이 가입해있으며 다른 거래제와 연계를 꾀하는 등 점점 규모를 키워나가고 있습니다. 기업이 온실가스 배출량을 줄였을 경우 줄어든 분량만큼 배출권을 팔 수 있으며, 반대로 온실가스 배출권이 줄이는 비용보다 저렴하면 배출권을 구입할 수도 있습니다.

우리나라의 경우 2015년부터 거래제를 시행 중이며 국가 단위 시장으로는 EU에 이어 세계 2위 규모로 커졌습니다. 한국거래소는 2020년 1월부터 9월까지 배출권 시장 거래 대금이 5300억 원에 달한다고 밝혔는데 이는 5년 전 거래량에 비해 18배나 늘어난 수치입니다.

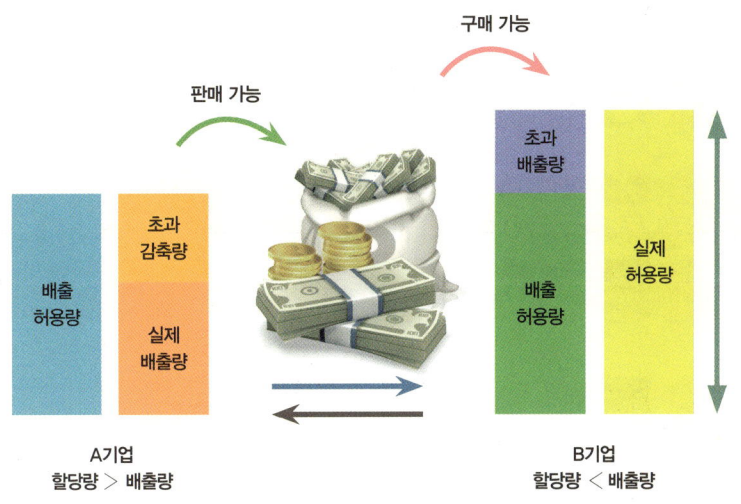

탄소배출권 거래제도

2020년 산업 부문 온실가스 감축 목표 및 이행계획

부문별 온실가스 감축 목표

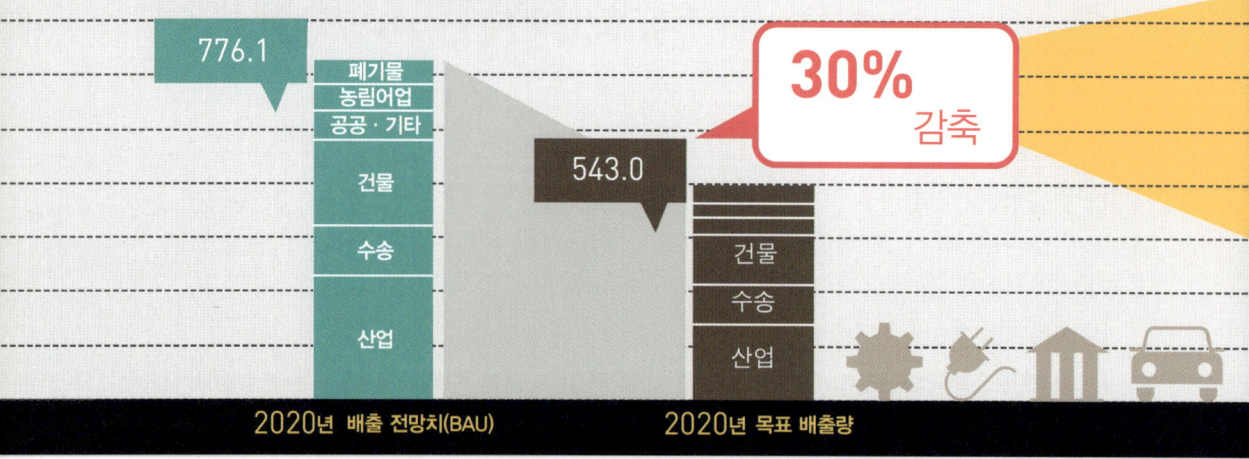

776.1 — 폐기물, 농림어업, 공공·기타, 건물, 수송, 산업
543.0 — 건물, 수송, 산업
30% 감축
2020년 배출 전망치(BAU) / 2020년 목표 배출량

산업 부문 온실가스 감축 이행 계획

정유
- 공통기기 효율 개선(0.8백만 톤)
- 중유 연료 LNG로 대체(0.4백만 톤)
- 열병합 발전 보급 확대(0.07백만 톤)

철강
- 폐열회수 전력생산 방식 도입(5.19백만 톤)
- 중유, 석탄류를 LNG, 폐플라스틱으로 대체 및 바이오매스 보급(1.05백만 톤)
- 공통기기 효율 개선(0.9백만 톤)
- Finex 설비, Consteel 설비 등 신기술 도입(0.45백만 톤)

석유화학
- 공통기기 효율 개선(1.59백만 톤)
- 공정 발생 N2O 분해(0.98백만 톤)
- 중유, 유연탄 연료 LNG 및 바이오매스 대체(0.77백만 톤)
- 촉매 최적화 기술 도입(0.61백만 톤)
- 부생가스열병합 발전 확대(0.53백만 톤)

전기/전자
- SF6 및 HFCs 등 회수(24.55백만 톤)
- 공통기기 효율 개선(0.91백만 톤)

건설
- 바이오 디젤 보급(0.16백만 톤)
- 중온 아스팔트 포장 기술 보급(0.05백만 톤)

KONETIC INFOGRAPHICS DIRECTED BY EF Consulting.

단위 : 백만 톤CO₂e

- 공공·기타 4.5
- 폐기물 1.7
- 농림어업 1.5
- 수송 34.2
- 건물 45
- 산업 81.3
- 전환·발전 64.9

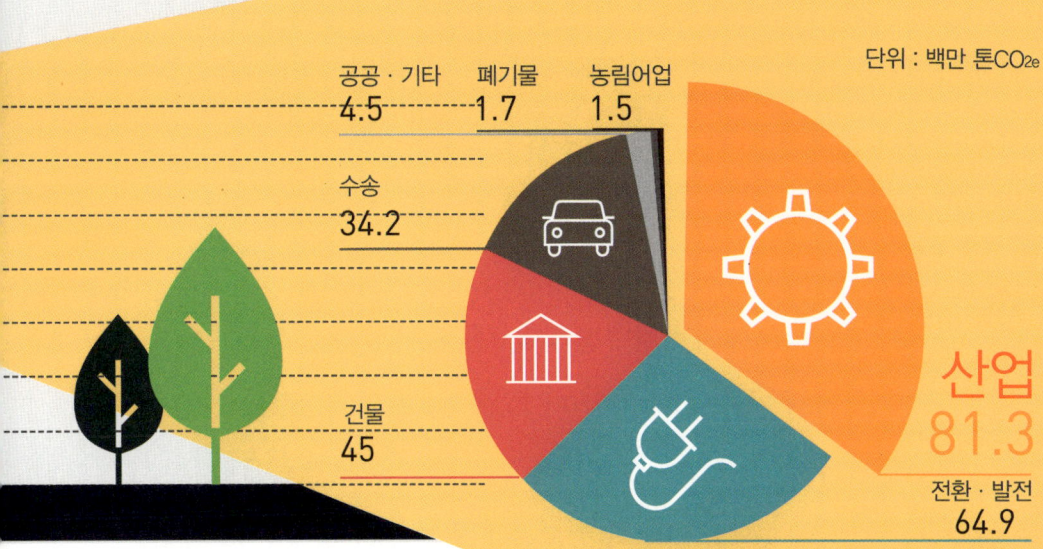

- 공통기기 효율 개선(0.21백만 톤)
- 바이오매스 열병합 발전 도입(0.17백만 톤)
- 바이오매스 연료 도입(0.14백만 톤)

- 혼합재 비율 확대(2.58백만 톤)
- 유연탄 연료 폐합성수지로 대체(0.44백만 톤)
- 공통기기 효율 개선(0.27백만 톤)
- 폐열회수 발전용량 확대(0.18백만 톤)

전자표시(디스플레이)
- SF6 분해 설비 도입(24.77백만 톤)
- 공통기기 효율 개선(3.0백만 톤)

- HFCs 회수(3.25백만 톤)
- 공통기기 효율 개선(0.64백만 톤)

- PFCs 분해 설비 도입(3.33백만 톤)
- 공통기기 효율 개선(0.60백만 톤)

- 공통기기 효율 개선(2.73백만 톤)

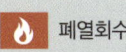 폐열회수
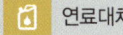 연료대체
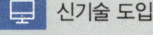 신기술 도입
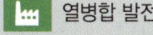 열병합 발전
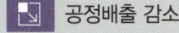 공정배출 감소
공통기기* 효율 개선

* 공통기기 : 건조기 · 전동기 · 보일러

COPYRIGHT 2014 KONETIC. ALL RIGHTS RESERVED.

게 안 하면 벌금을 내자고 말야. 이렇게 하면 각 나라들이 탄소 배출을 줄이려고 노력할 거고, 또 탄소가 적게 나오는 물건들을 개발하게 되겠지?"

외삼촌은 세강이가 이해를 잘하자, 뿌듯한 표정을 짓습니다. 이럴 땐 꼭 아빠 얼굴 같아요.

"외삼촌이 우리 학교 와서 가르쳐주면 좋을 텐데."

"선생님이 더 잘 아실 거야. 그렇지만 너희들이 직접 조사를 하는 게 제일 좋아. 환경문제가 왜 중요한지 실감할 수 있으니까."

"꼭 선생님 같은 말을 하네. 지금이라도 학교 선생님이 될 생각은 없어요?"

"오, 노노노! 난 자유로운 영혼이라 세계의 동식물을 찾아서 돌아다닐 거야. 아직도 못 만난 동물과 식물들이 얼마나 많은데."

"아이고, 누가 말리겠어요. 엄마도 못 말린다고 그러던 걸요."

외삼촌이 큰 소리로 웃습니다. 병실에서 봤을 때보다 지금 얼굴이 좋아 보입니다. 세강이는 외삼촌 손을 꼭 잡습니다. 말은 안 하지만 엄마만큼이나 외할머니를 걱정하고 있을 테니까요. 세강이는 외삼촌 마음이 가벼워지도록 웃기고 싶습니다.

"참, 엄마가 외삼촌은 역마살이 끼어서 장가도 못 간다고 하던데. 역마살이 뭐예요?"

"누나도 참. 애한테 무슨 소리를 한 거야? 엄마한테 들은 건 잊어라. 난

세강이의 탄소 노트

지구온난화가 진행되면 더워져야 하는데 왜 빙하기가 생길까요?

지구온난화는 지구의 기온이 올라가는 현상인데, 어째서 빙하기가 생기는 것일까요? 지구온난화가 계속 진행될 경우 극지방의 빙하가 녹게 돼 북극해 주변의 담수(강이나 호수처럼 염분이 없는 물) 양이 많아지고, 수온이 크게 올라가서 점점 열대에서 흘러든 해수와의 온도 차이가 줄어듭니다. 그러면 적도에서 발생해 극으로 흐르는 북대서양 난류도 점차 약해져서 따뜻한 해류가 더 이상 들어오지 않게 됩니다. 그렇게 되면 북극해의 해수 온도도 크게 떨어지고 열대 지역에서 올라오는 따뜻한 대기 흐름도 중단돼 기온이 갑자기 크게 내려갑니다. 난류의 영향으로 따뜻하던 지구 북반구 중위도 지역은 해류의 순환이 끊기면서 점점 추워져 빙하기로 접어드는 거죠.

실제로 이미 북극해에서는 해마다 평균 7만 km^2의 해빙이 사라지고 있습니다. 북극이 녹고 있는 것이죠. 1970년대에 북극의 얼음 두께가 평균 3m 정도였는데, 1997년에는 1.5~2m에 지나지 않았습니다. 지난 20년 동안 전체 얼음의 절반이 녹아 없어진 셈이죠.

이런 상황은 남극에서도 일어나고 있습니다. 1998년에는 남극 대륙의 서쪽에 자리한 라르센 빙붕에서 거대한 빙하가 떨어져 나오기 시작했는데, 2002년부터는 라르센B 빙붕이 급속도로 붕괴되었으며 2017년 7월에는 라르센C 빙붕의 일부가 큰 조각으로 떨어져 나가 빙산이 되어버린 것이 확인되었습니다. 만약 라르센 빙붕보다 더 두꺼운 빙붕인 로스 빙붕, 필키너 론 빙붕이 붕괴되면 엄청난 담수가 남극 주변 해역으로 쏟아져 세계 여러 곳에서 침수 현상이 발생할 것입니다.

지구온난화로 인한 빙하기 현상, 지구에 끼치는 영향력이 생각보다 엄청나죠?

그저 자연을 사랑하는 자유로운 영혼일 뿐이니까."

"어라? 왜 저한테 애교를 부려요? 그런 건 애인한테 하는 건데."

갑자기 외삼촌이 기침을 두 번 합니다. 얼굴도 붉어집니다. 오호라, 이번에야말로 외삼촌을 골탕먹일 기회인 듯합니다. 외삼촌에게 돌진한 세강이는 마구 간지럼을 태웁니다. 조금만 더 하면 항복할 게 틀림없습니다. 외삼촌의 가장 큰 약점은 바로 간지럼 태우기니까요.

"항복! 항보오옥~."

"빨리 말씀하시죠. 누구예요?"

"다음 주말에 대학로에서 있을 행사에 한 번 가 보는 게 어때?"

"갑자기 대학로 행사는 왜요. 여자친구 누구냐니까?"

"그러니까, 내 여자친구가 그곳에 나타날 거니까. 그 친구가 행사 주최하는 곳에서 일하거든."

이야기를 마친 후 외삼촌의 손을 잡고 외할머니가 계신 병실로 돌아갑니다. 엄마는 외할머니를 가만히 바라보고 있습니다.

"아빠는?"

"곧 오신대. 같이 저녁 먹자."

엄마는 외삼촌처럼 세강이의 머리를 헝클지 않고 쓰다듬습니다. 그리고 어릴 때처럼, 외할머니처럼, 엉덩이도 두들겨 줍니다.

"엄마, 외삼촌이 숙제 도와주기로 했어."

"그래? 무슨 숙젠데?"

"탄소배출권 조사하는 건데 대학로 행사장에 가 보는 게 도움이 될 거래."

"행사는 대학로에서 열리는데 일단 광화문에 다 같이 모여서 대학로까지 걸어가니까 누나는 광화문까지 데려다 줘."

"고맙다. 세강이 숙제까지 신경 써 줘서."

"광화문에 가면 그때부터는 후배가 세강이 잘 돌봐줄 거니까 걱정 말고."

"그래? 알았어."

외삼촌이 살짝 세강이에게 윙크를 합니다. 세강이도 엄마 몰래 외삼촌에게 안심하라는 미소를 보냅니다. 병실을 나서기 전 다시 한 번 외할머니의 손을 꼭 잡아 봅니다.

"외할머니 강아지 왔다 가요. 얼른 일어나셔서 또 강아지라고 불러주세요."

외할머니의 숨소리가 아기처럼 쌔근쌔근 들립니다. 세강이는 외할머니를 잡은 손을 놓지 않고 눈을 감습니다. 태어나서 처음으로 간절히 기도해 봅니다.

"우리 엄마의 엄마인 외할머니를 빨리 낫게 해 주세요. 그리고 우리 모두의 엄마인 지구도 더 이상 아프지 않게 해 주세요."

지구온난화는 우리나라에 어떤 영향을 끼칠까요?

'뎅기열'을 전파시키는 흰줄숲모기

우리나라는 지난 100년간 평균 기온이 섭씨 1.8도 올라 세계 평균 0.85도에 비해 2배 이상 빠르게 기온이 오르는 것으로 나타났습니다. 지구온난화로 인해 우리나라 자연환경의 변화 및 자연재해 또한 가속화되고 있습니다.

제주도 용머리 해안에서는 해수면이 상승하여 밀물이 꽉 차는 만조 때 해안 지역이 침수되었습니다. 또한 가뭄이 잦아지고 일부 지역에서는 폭염이 발생했으며 대형 태풍과 게릴라성 호우가 증가했습니다. 열대성 질병인 쯔쯔가무시증, 비브리오 패혈증 등도 증가하고 식물 종별로 신종 병해충이 발생하기도 했지요. 제주도에서는 열대 및 아열대지방 풍토병인 '뎅기열'을 전파시키는 흰줄숲모기 유충이 발견되기도 했습니다. 아열대 지역에서 살던 어류가 남해 연안까지 북상하여 대구·명태 등 한류성 어족이 감소하고, 고등어·오징어·문어 등 난류성 어족이 증가하는 등 우리나라 해안 어류 자원도 변화하고 있지요.

뿐만 아니라 삼림의 분포가 전반적으로 북상하고, 난대림 면적이 확대되었으며 진달래, 벚꽃 등 봄꽃이 빨리 피며 가을 단풍이 드는 시기는 늦어졌습니다. 1970년대에는 제주도를 제외한 모든 지역에서 육쪽마늘의 재배가 가능했으나 오늘날 남부 지방에서는 육쪽마늘의 재배가 어려워지는 등 농작물 재배 환경도 바뀌었습니다. 지구온난화로 빠르게 변화하는 우리나라 자연환경과 급속히 늘어나는 자연재해. 이제 지구온난화가 남의 나라 일이 아니라 언제든 우리의 삶을 위협할 수 있다는 사실이 실감나지 않나요?

온실가스를 줄이지 않으면?

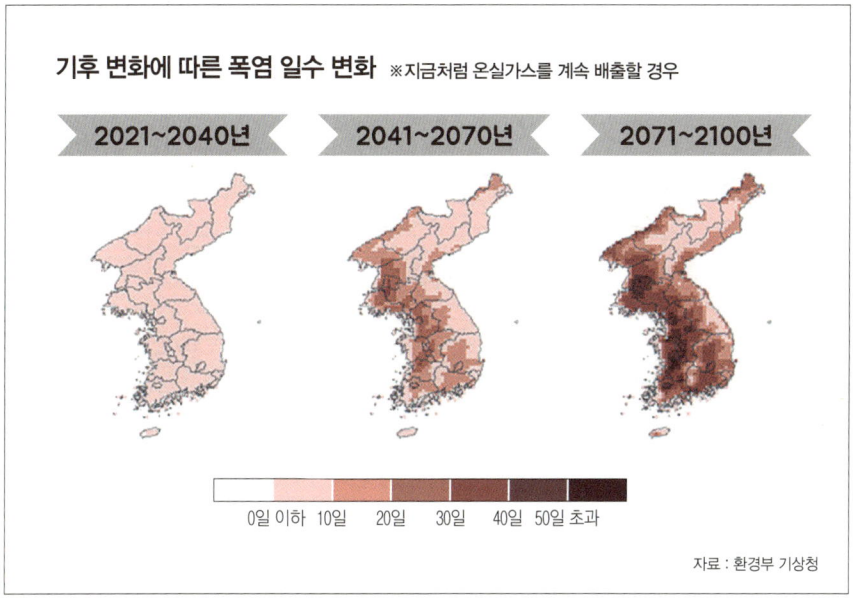

환경부와 기상청이 2020년에 발표한 '한국 기후변화 평가보고서'에 따르면 온실가스 배출이 지금처럼 지속될 경우 현재 연간 10여일인 폭염 일수가 50년 후에는 35.5일로 3배 이상 늘어날 것으로 전망되고 있습니다. 여름에 33℃를 넘는 무더위가 한 달 넘게 이어진다는 것이죠.

온도 상승으로 인해 집중 호우로 인한 홍수도 늘어나지만 가뭄 피해도 더욱 심각해질 것이며 벼의 생산성은 25%나 줄어들고 사과를 재배할 수 있는 땅은 거의 사라진다고 합니다.

폭염으로 인한 사망률도 2011년 인구 10만 명당 100.6명에서 2040년 230.4명으로 2배 넘게 늘어날 것으로 내다봤습니다.

이젠 나도 탄소 박사!

기상 이변으로 몸살 앓는 지구촌

지구촌 전역이 기상이변으로 몸살을 앓고 있습니다. 인도에서는 2015년 5, 6월 최고 섭씨 50도에 달하는 불볕더위에 2500명이 목숨을 잃었습니다. 이웃 나라 파키스탄 남부 일대에서도 최고 섭씨 48도의 무더위가 이어져 1332명이 숨졌습니다.

세계적으로 자연재해 또한 급속히 늘어나고 있습니다. 2015년 남서부 구이저우(貴州) 성에 폭우가 쏟아져 퉁런(銅仁) 시가 물에 잠기고 이재민 약 8만 5000명이 발생한 것이 대표적입니다. 2015년 상반기에만 중국의 22개 성(省) 가운데 20곳에서 폭우와 홍수로 108명이 숨지고 21명이 실종되었으며 가옥 4만 4000채가 무너지는 등 353억 위안(약 6조 5190억 원) 상당의 재산 피해가 난 것으로 집계되었습니다.

영국 일간 인디펜던트 등에 따르면 작년 한 해 전 세계적으로 적어도 약 5000명이 기상이변으로 사망한 것으로 전해졌습니다. 이러한 기상이변은 온실가스 증가로 인한 지구온난화가 주 원인이라고 하니, 온실가스를 줄이기 위해 노력해야겠죠?

캘리포니아 산불

필리핀에서 일어난 지진

필리핀을 덮친 태풍 하이옌으로 인해 초토화된 마을

기상이변으로 몸살을 앓는 지구촌

	시기	국가	영향
폭염	2020년 6월	러시아	시베리아 지역 낮 기온이 38℃까지 올라 역대 최고 기록. 대규모 산불까지 발생
	9월	미국	콜로라도 덴버에서 40℃에 육박하는 폭염을 기록한 이튿날 폭설을 동반한 폭풍이 불어닥침
폭우	2월	브라질	상파울루에 반 나절 만에 114㎜의 폭우가 내려 도시 기능이 마비됨. 37년 만의 최대 강우량
	5~8월	중국	346만 명의 수재민, 6000만 명의 이재민이 발생하고 가옥 5만 4천 채가 무너짐. 경제 손실액은 1790억 위안(약 30조 원)에 달함
	6~8월	한국	무려 54일에 걸친 장마가 이어지며 31명의 사망자와 8143명의 이재민이 발생함
	7월	일본	폭우로 인해 82명이 사망하고 1만 5천 채 이상의 가옥이 파손

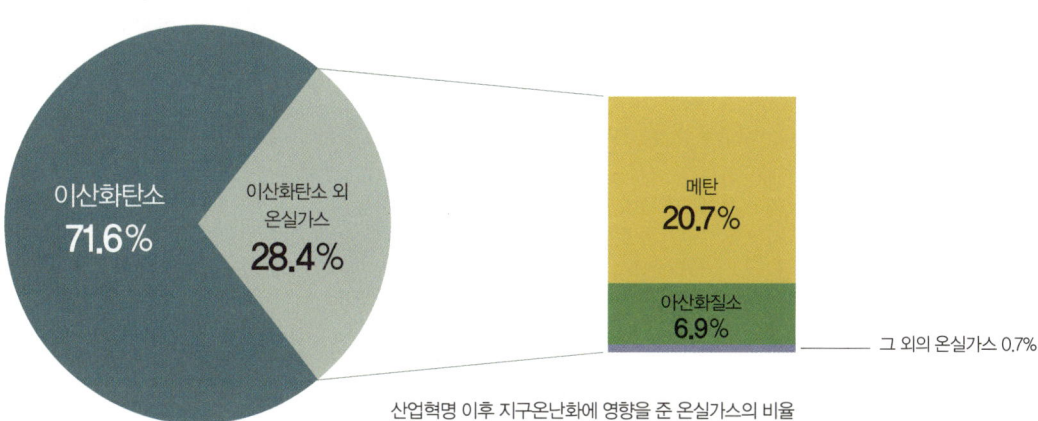
산업혁명 이후 지구온난화에 영향을 준 온실가스의 비율

다음 중 지구온난화로 발생하는 기상이변이 아닌 것은?

① 산불
② 전쟁
③ 열대성 질병 증가
④ 동식물 멸종

정답 ② 전쟁

지윤, 열대성 질병 증가, 동식물 멸종 등은 지구온난화로 인한 기상이변의 대표적인 예입니다. 지구온난화로 인해 전 세계적으로 대형화되고 있는 산불, 지구온난화에 의해 확산되고 있는 모기를 매개로 하는 열대성 질병 증가, 기후변화에 적응하지 못한 동식물의 멸종 등이 발생하고 있습니다.

3장
탄소발자국이 지구를 아프게 해요

CO_2 1g을 줄이려면?

세강이는 현관에 서 있습니다. 오랜만에 엄마와 함께하는 외출입니다.
"춥다. 광화문에서 대학로까지 걸어간다니까 든든하게 입고."
"네."
"목도리는?"
"여기 챙겼어요."
엄마가 두툼한 목도리를 세강이 목에 감아줍니다. 하지만 엄마의 다정한 말 한 마디가 목을 칭칭 감은 목도리보다 따뜻하게 느껴집니다. 밖에 나오니 제법 쌀쌀합니다. 세강이는 고개를 들어 엄마를 바라봅니다.
"엄마도 따뜻하게 입었어요?"
"응."

"목도리는요?"

"여기 있지."

서툰 손으로 목도리를 감아주자 엄마가 환하게 웃습니다. 늘 먼저 자신을 챙겨주는 엄마를 보며 세강이는 지구를 생각합니다. 태초부터 지금까지 생명을 품고, 돌보는 지구를요. 그리고 외할머니를 생각합니다.

외할머니가 아프다는 말을 듣고 엄마, 외삼촌, 아빠, 세강이, 이모할머니는 물론 친할머니, 할아버지, 고모, 작은아버지, 숙모, 조카들까지 병문안을 왔다 갑니다. 생각해 보니 세강이 가족 중 누군가는 매일 외할머니 옆에 있습니다.

'아무도 돌봐주는 사람이 없다면 얼마나 외롭고 힘들까?'

외할머니는 아직 의식이 돌아오지 않았지만 외롭진 않을 거예요. 외할머니를 정말 사랑하는 사람들이 응원하고 있으니까요. 문득 이런 생각이 듭니다.

'그런데 지구는 누가 돌보지?'

외할머니를 사랑하는 사람들이 많은 것처럼 지구를 사랑하는 사람들이 더 많아지면 좋겠다는 생각을 합니다. 밖에 나오니 찬 기운이 훅 느껴집니다. 어쩌면 지금 지구는 추워서 떨고 있지 않을까 하는 생각이 듭니다. 그러다가 이내 고개를 흔듭니다. 온도가 점점 올라가고 있는 지구가 더 걱정이니까요.

버스를 타고 조금 있으니 점점 더워져 목에 두른 목도리를 푼 세강이는 자신도 모르게 혼잣말을 합니다.

"이러면 에너지가 낭비되는데……."

"우리 세강이 요새 공부를 정말 열심히 하나 본데?"

엄마가 빙그레 웃습니다. 광화문에 도착하자 먼저 도착한 윤찬이와 인정이가 손을 흔듭니다. 숙제를 같이 하기로 했거든요.

"안녕하세요."

두 친구는 합창하듯 동시에 인사를 합니다.

그때 누군가 다가와 인사를 합니다.

"안녕하세요? 이동주 선배님께 말씀 들었어요."

"아, 동주가 말한 후배시구나."

"네, 박선주라고 합니다."

"전 동주 누나예요. 오늘 우리 애들 잘 부탁해요."

"이런 행사에 참여하는 기특한 아이들인데 걱정 마세요."

"안녕하세요?"

세 아이들이 동시에 인사를 하자 반달 같은 눈이 더 휘어집니다.

"선주 이모라고 불러도 돼요?"

"응. 좋아."

세강이는 선주 이모와 같이 가고 싶습니다. 외삼촌이랑 어떻게 만났는

지, 외삼촌의 어디가 좋은지, 너무 궁금합니다. 그런데 인정이가 선주 이모 손을 잡고 옆에 딱 달라붙어 있습니다.

  드디어 창경궁 쪽 담 아래를 걸을 때 기회가 왔습니다. 인정이가 창경궁으로 뛰어간 사이 얼른 선주 이모 옆으로 갑니다. 그런데 이번엔 윤찬이가 불쑥 질문을 합니다.

"이모, 거기 가면 먹을 것 있어요? 배고파요."

  말해 놓고 부끄러운지 윤찬이는 얼굴을 살짝 붉힙니다.

"야! 넌 여기까지 와서도 먹을 거 얘기냐?"

세강이는 윤찬이에게 헤드락을 걸어버립니다.

"아우, 놔! 더 배고프단 말이야."

아우성치는 윤찬이는 아랑곳하지 않고 세강이는 윤찬이의 목을 더 조입니다. 겨우 잡은 기회를 놓친 게 분하고 아깝습니다. 화가 난 이유는 그것 하나만은 아닙니다.

'곧 우리 외숙모가 될 선주 이모한테 얼굴은 왜 붉히냐고!'

계속해서 세강이에게 헤드락을 당하는 윤찬이만 이유를 알 수 없을 뿐입니다.

드디어 대학로에 도착합니다. 선주 이모는 행사장에 들어가기 전에 차근차근 설명해 줍니다.

"오늘 행사의 목적은 우리가 일상생활에서 탄소를 얼마나 배출하고, 탄소를 어떻게 하면 줄일 수 있는지 다양한 방법들을 소개하는 거야. 가고 싶은 곳에 가서 자유롭게 보고 두 시간 후에 여기에서 다시 만날까? 궁금한 건 각 부스에 계시는 선생님들께 물어보고."

"네."

세 친구는 동시에 대답하고 서로의 얼굴을 봅니다. 은근히 기뻐하는 얼굴입니다. 자유롭게 돌아다니면서 볼 수 있다니! 정말 신 나는 일이에요.

"저쪽에 먼저 가 보자!"

윤찬이가 가리킨 곳으로 가니 'CO_2'라는 글씨가 커다랗게 쓰여 있는 입간판이 서 있습니다. 그런데 'C'자 위쪽으로 길게 나뭇잎이 그려져 있습니다. 그리고 역시나!

"네가 왜 여기로 오자고 했는지 알겠다."

　인정이가 쯧쯧, 혀를 찹니다. 나뭇잎 위에는 과자, 빵, 음료수, 야채, 과일 등 먹을 것이 가득 그려져 있습니다. 세강이도 어깨를 으쓱합니다. 윤찬이의 눈이 오늘 하루 중 가장 빛나 보입니다. 들어가서 보니 모든 상품에는 숫자가 적혀 있습니다.

이젠 나도 탄소 박사!
친환경 인증마크에는 어떤 것이 있을까요?

농림축산식품부와 해양수산부에서는 농, 축, 수산물이나 가공식품 등에 등급별로 인증마크를 부여해요. 친환경 인증마크를 받은 제품은 농업생산과정 전반에 투입되는 비료, 농약, 농자재 및 에너지 절감을 통해 온실가스 배출을 줄이는 영농기술인 저탄소 농업기술로 생산한 식품이죠. 탄소 배출을 줄이는 친환경 인증마크에는 어떤 것이 있을까요?

 **유기농 농산물, 축산물 :** 합성 농약과 화학 비료를 사용하지 않고 재배한 농산물과 항생제와 항균제를 첨가하지 않은 유기 사료를 먹여 사육한 축산물임을 보증하는 마크예요.

 **무농약 농산물 :** 합성 농약을 사용하지 않고 화학 비료는 최소화하여 생산한 농산물임을 보증하는 마크예요.

 **무항생제 축산물 :** 항생제, 항균제 등이 첨가되지 않은 사료를 먹이고, 생산성을 늘리기 위한 성장촉진제나 호르몬제를 사용하지 않으며, 축사와 사육 조건, 질병관리 등의 엄격한 인증기준을 지켜 생산한 축산물임을 보증하는 마크예요.

 **농산물 우수 관리(GAP** Good Agricultural Practices**) :** 농산물의 안전성을 확보하고 농업 환경을 보전하기 위하여 농산물과 농업 환경에 잔류할 수 있는 각종 위해 요소(농약, 중금속, 미생물 등)를 사전예방적으로 안전하게 관리하는 과학적인 위생 안전 관리 체계를 뜻하는 마크예요.

 **유기가공식품 :** 합성 농약, 화학 비료를 사용하지 않고 재배한 유기 원료(유기 농산물, 유기 축산물)를 제조·가공한 식품임을 보증하는 마크예요.

 **유기농 수산물 :** 유기적인 방법으로 생산되거나 식용 재료로 구성된 사료를 먹고 자란 수산물임을 뜻하는 마크예요.

 **무항생제 해산물 :** 항생제나 성장촉진제 등을 사용하지 않고 일정한 인증 기준을 지켜 양식한 수산물임을 알려주는 마크예요.

 **활성처리제 비사용 :** 잡초 제거나 질병 예방 등을 위한 활성처리제 또는 화학물질을 사용하지 않고 인증 기준에 맞춰 생산된 양식 수산물임을 보증하는 마크예요.

 **저탄소 농축산물 :** 농축산물 생산 전 과정에서 온실가스 배출량을 줄이는 '저탄소 농업기술'을 적용하여 생산한 농산물임을 인증하는 마크예요.

녹색기술사업인증

녹색기술(사업)인증은 저탄소 녹색성장 기본법에 의거하여 유망한 녹색기술 또는 사업을 인증하고 지원하는 제도예요. 온실가스 감축기술, 에너지 이용 효율화기술, 청정생산기술, 청정에너지기술, 자원순환 및 친환경 기술 등 사회·경제활동의 전 과정에서 에너지와 자원을 절약하고 효율적인 사용으로 온실가스 및 오염물질의 배출을 최소화하는 기술로 정부가 선정/고시한 유망기술이죠.

녹색인증
Green Certification

기대효과

대상규정 투자 유인
지원대상 범위를 명확히 규정하고 투자를 유인하고자 녹색인증제도 도입 마련

신속한 성장유인
금융, 세제 등의 지원을 통해 녹색산업의 민간참여 확대 및 기술시장 산업의 신속한 성장을 유인할 필요성 대두

실질적 성과 창출
녹색성장 목표 달성 기반을 조성하고 민간의 적극 참여를 유도하여 녹색성장 정책의 실질적 성과 창출

혜택

녹색산업융자지원
- 산업별 보급 융자 참여 우대
- 중소기업 정책자금 융자 우선지원 및 지원한도 예외 적용
- 기술보증 중점지원
- 수출금융지원 우대
- 수출 및 금융계약 손실 보상

지자체·기타
- 경기테크노파크 Green-all 지원사업
- 경남테크노파크 녹색인증컨설팅 지원사업
- 부산테크노파크 녹색인증컨설팅 지원사업
- 경북테크노파크 녹색인증컨설팅 지원사업
- 서울시 녹색인증 지원사업

사업화촉진 시스템 구축
- 국가 R&D 참여 우대
- 건설·교통 신기술 지정평가시 가산점 부여
- 특허 우선심사 우대
- 기술이전, 투자유치설명회 개최

판로·마케팅 지원
- 정부발주 공사 우대
- 공공 구매·국방 조달심사 우대
- 중기청 우수제품 지정 신청 가능
- 라디오, TV, DMB 광고료 지원
- 해외전시회 참가 우대
- 수출 기업화 지원 사업 우대
- 해외 수출 마케팅 우대
- 조달청 MAS(다수공급자 계약) 우대
- 나라장터 종합쇼핑몰 등재 지원

기술 사업화 기반 조성
- 병역특례지정업체 추천
- 녹색기술성능검사비용 지원
- 해외기술인력 도입 우대

공통기기 효율 개선(0.8백만 톤)

KONETIC INFOGRAPHICS   DIRECTED BY EF Consulting.

"이 숫자는 뭐예요?"

"그 물건을 만들 때 나오는 이산화탄소의 양이란다."

윤찬이는 평소에 즐겨 먹던 감자 칩을 하나 고릅니다. 488g이라고 적혀 있습니다. 세강이는 다른 과자를 들어 봅니다. 75g이라고 적혀 있습니다. 똑같은 감자로 만든 비슷한 종류의 과자인데도 이산화탄소가 나오는 양은 다른가 봅니다.

그 외에도 각종 음료수가 있습니다. 114g, 340g 등 음료수도 종류에 따라 탄소의 양이 다릅니다. 조금 더 걸어가자 한 아저씨가 파스타를 만들고 있습니다. 옆에 '저탄소인증농산물'이라고 적혀 있습니다. 궁금해진 세강이가 또 물어봅니다.

"저탄소 농산물이 뭐예요?"

"일반 농산물에 비해 에너지와 농자재를 덜 쓴 것이란다. 저탄소 농업기술로 온실가스 배출을 줄인 농산물이라서 인증마크를 받았지. 지구를 사랑하고, 안전한 먹을거리도 선택할 수 있는 환경을 제공하는 데 뜻을 두고 있단다."

"그런데 이 파스타 우리도 먹을 수 있어요?"

파스타를 바라보는 윤찬이의 눈에서 레이저빔이 쏟아집니다. 금방이라도 프라이팬을 뚫을 것 같아요.

탄소발자국을 따라서

"와, 이거 봐."

인정이가 가리킨 곳에 녹색 발바닥 그림이 있습니다. 'CO_2'가 쓰여 있는 발자국이 징검다리처럼 놓여 있습니다.

"우리 발자국 밟으며 따라가 보자."

이번에는 세강이가 먼저 말합니다.

"그래."

두 친구도 세강이 말에 찬성합니다. 셋은 놀이를 하듯 한쪽 발은 들고, 한쪽 발로 발자국들을 밟으며 갑니다. 인정이는 가끔 비명을 지르기도 합니다. 마치 발자국 아래로 강물이 흐르는 듯 발자국에서 발이 벗어날 때마다 앗, 앗, 소리를 질러요.

"잠깐만! 여기 재미있겠다."

놓여 있는 물건들을 보고 세강이가 소리칩니다. 윤찬이 눈도 반짝입니다. 인정이도 흥미로운 얼굴로 주변을 살펴봅니다. 제일 먼저 눈에 띄는 것은 우리가 일상생활에서 쉽게 접할 수 있는 것들의 탄소 배출량을 적어 놓은 표입니다.

너무나 놀라운 일입니다. 평소 무심코 하던 일들에서, 아니 늘 아무 생각 없이 사용하는 모든 것에서 이산화탄소가 나오고 있다니요.

"난 종이컵이 제일 쇼크야."

인정이가 말합니다.

"언니, 오빠들이 손에 커피 들고 가는 게 엄청 멋있다고 생각했는데. 매직기도 자주 꽂아놓고…….."

"나도 냉장고 문 자주 열어 두고, 음식도 이것저것 한꺼번에 먹고 싶어서 조금씩 먹다가 남기기도 했는데……."

무심코 하는 일들에 이렇게나 많은 탄소가 배출된다는 것에 놀라서 세강이 머릿속이 복잡해집니다. 옆에는 컴퓨터가 놓여 있습니다. 4인 가정

일상생활 속 탄소 배출량

1시간 동안 텔레비전 켜 놓기	= 연간 7.35kg
종이컵 1개	= 탄소발자국 11g(1년 종이컵 사용량 약 12억 개 = 탄소발자국 13만 2000t)
형광등 1시간 켜 놓기	= 탄소발자국 연간 1.85kg
음식물 남기기	= 연간 15.23kg(아이 기준으로 식사의 1/7 정도의 음식물을 남겼을 때)
설거지 1회	= 540g(아침, 점심, 저녁 하루에 3번 설거지를 한다고 가정하면, 하루에만 1620g의 탄소 발생. 식기세척기를 사용했을 경우 1회 990g 탄소 발생)

을 중심으로 얼마나 많은 탄소발자국을 남기는지 계산해 볼 수 있다고 합니다. 자원봉사자로 온 형에게 물어 보니 자세히 알려줍니다.

"형이 예를 하나 들어 볼게. 4인 가정에서 사용하는 하루 물 사용량은 평균 1348리터(ℓ)야. 이 물을 생산하기 위해 0.22kg의 이산화탄소가 배출돼. 여기에 이렇게 입력하면 이런 계산이 나오구. 이것을 1년으로 생각하면 이산화탄소 배출량은 80kg이나 된단다."

"헐……."

세 친구 입에서 똑같은 말이 저절로 나옵니다.

"물을 마시면서 탄소 배출량은 생각해 본 적도 없는데."

세강이의 말에 안내해 주던 형이 웃음을 터뜨립니다.

"하하하. 대개는 그럴 거야. 나도 환경에 관심을 갖기 전에는 탄소에 대해 잘 몰랐거든."

"이걸로 계산하면 집에서 나오는 탄소량도 알 수 있어요?"

"물론이지. 가정에서 사용하는 전기나 음식, 설거지 등 우리 집에서 평균적으로 배출하고 있는 탄소량을 계산해 볼 수 있단다."

인정이가 제일 먼저 계산해 봅니다.

"오 마이 갓! 정말 어마어마한 양의 탄소 배출을 하고 있잖아!!"

세강이는 속으로 생각합니다.

'음…… 우리 집은 3인 가족이니까 인정이네보다는 탄소 배출량이 적겠지.'

하지만 마음 어딘가가 찝찝합니다. 자신이 평소 하는 행동을 가만히 생각해 보니 꼭 그렇다고 확신할 수가 없거든요. 다른 곳으로 발길을 돌리자 잘린 페트병이 눈에 들어와 자원봉사자 누나에게 묻습니다.

"이건 뭐예요?"

"페트병 정수기야. 오염된 물을 깨끗하게 하기 위한 장치지. 한 번 해 볼래?"

"네."

책상 위에는 페트병 2개, 자갈과 모래, 숯, 거즈 등이 준비되어 있습니다.

"숯은 물질을 정화하거나 맑게 하기도 하지만 습도를 조절 및 탈취하거나 전자파를 막아 주는 기능도 있어. 이제 시작해 볼까? 제일 먼저 페트병의 아랫부분을 잘라야 하는데 시간이 걸리니까 미리 잘라 놓은 걸 쓰

자. 자른 부분이 위쪽이 되게 하고 굵은 자갈, 고운 모래, 잘게 부순 숯, 활성탄을 순서대로 넣고 그 사이사이에 거즈를 넣는 거야."

세강이는 누나가 시키는 대로 해 봅니다. 정수기라고 해서 어려울 줄 알았는데 생각보다 만들기 쉽습니다.

"그런데 굵은 자갈과 고운 모래는 왜 넣는 거예요?"

"오염물질을 가라앉히는 침전작용을 하기 때문이야."

"숯이랑 활성탄은요?"

"오염물질을 붙게 하는 흡착 작용을 해 주지."

"그럼 거즈는 오염물질을 걸러내는 건가요?"

"잘 아네! 똑똑한데!"

칭찬을 받은 세강이는 어깨가 으쓱해집니다.

"마지막으로 페트병 입구를 솜과 거즈로 감싸고 고무줄로 꽁꽁 묶어 볼까?"

"네. 다 됐어요."

"이제 오염된 물을 부어 보자."

누나가 더러워 보이는 물을 페트병에 붓기 시작합니다. 세강이는 눈을 동그랗게 뜨고 지켜봅니다.

"어때?"

"와아아아! 정말 깨끗해지네요?"

이런 간단한 도구로 물을 깨끗하게 만들 수 있다니 신기합니다. 윤찬이는 세강이 옆에서 태양열 조리기를 조립하고 있습니다. 태양열 조리기를 이용해 메추리알을 삶을 수 있대요.

'메추리알, 메추리알.'

윤찬이는 침이 꼴깍 넘어갑니다. 삶은 메추리알을 먹을 생각이 앞서긴 했지만 조립하는 일도 즐겁습니다. 태양 반사판을 연결하고 중앙에 컵 장치대를 설치한 후, 물을 넣고 메추리알도 몇 개 넣습니다.

"메추리알아, 잘 익어 줘."

윤찬이는 태양열 기구 앞에 쭈그리고 앉아서 메추리알이 익기를 기다립니다. 물의 온도가 올라갔는지 컵에 손가락도 넣어봅니다. 따뜻한 온기가 느껴집니다. 조금만 더 기다리면 메추리알이 익을 것 같습니다. 기다리는 윤찬이의 얼굴에 흐뭇한 미소가 가득 퍼집니다. 하지만 입맛을 다시며 눈을 뜨자마자 얼굴이 하얗게 변하고 맙니다.

"으악! 안 돼! 내 메추리알!"

어느새 다가온 인정이와 세강이가 남은 메추리알 껍질을 까서 입안으로 넣고 있습니다. 세강이가 손을 탁탁 털어내며 말합니다.

"자식, 메추리알 하나에 삐지기는. 나중에 우리 집에 놀러와. 메추리알보다 열 배는 큰 달걀 삶아 줄게."

두 바퀴와 네 바퀴, 탄소 배출량이 달라요

계속해서 탄소발자국을 따라 이동해 봅니다. 중앙에는 멋진 자동차와 자전거가 서 있습니다. 세강이와 윤찬이는 조금 실망스럽습니다. 스포츠카처럼 멋진 자동차가 아니라 소형차였거든요. 반면 인정이는 자전거에 관심을 보입니다.

"자전거 한 번 타 봤으면 좋겠다."

자원봉사자 형이 다가와서 타 봐도 좋다고 말합니다.

"타고는 싶은데, 저…… 자전거 못 타요."

인정이는 조금 작은 목소리로 말합니다.

"괜찮아. 이 자전거는 타고 돌아다니는 게 아니고 올라타서 돌리기만 하면 돼. 헬스용 자전거 본 적 있니?"

"네. 앉아서 발만 돌리는 거죠?"

"그래. 그렇게만 하면 돼."

인정이가 자전거에 탈지 말지 망설이자 세강이가 물어봅니다.

"돌아다닐 수 있는 자전거는요?"

"저쪽에 따로 있어."

인정이는 여전히 자전거 앞에서 머뭇거립니다. 윤찬이가 빤히 보면서 말합니다.

"너 자전거 전혀 못 타?"

"그래, 못 탄다."

"하지만 이건 움직이지 않는 건데……."

"……."

인정이가 살짝 뾰로통해진 얼굴이 됩니다. 윤찬이가 슬그머니 웃더니 자동차 문을 엽니다.

"그럼 자전거는 나중에 타고, 이거부터 해 볼래? 인정이 너 먼저 타."

인정이는 조금 머뭇거리긴 했지만 윤찬이의 배려에 기분이 좋아진 듯합니다. 인정이가 먼저 타자 그 옆에 윤찬이가 타고, 앞 운전석에는 세강이가 탑니다. 자동차는 컴퓨터 화면과 연결되어 있습니다. 자원봉사 자 형이 타는 것을 도와줍니다.

"신사숙녀 여러분, 어디에 가시겠어요?"

"저희는 음, 파리! 파리요!!"

세강이와 윤찬이가 머뭇거리자 인정이가 말합니다.

"프랑스 파리에 꼭 가 보고 싶어요."

"야, 파리는 비행기를 타야 가지. 유럽을 자동차로 어떻게 가냐?"

"가고 싶은 데 말하라며?"

세강이가 핀잔을 주자 인정이도 지지 않고 대꾸합니다.

"부산 가자. 부산. 해운대 바다 있는 곳."

윤찬이가 서둘러 말합니다.

"운전대 앞쪽 화면에 부산을 입력하렴."

부산을 입력하자 오락실 자동차 게임처럼 화면이 나옵니다.

"앞쪽에 숫자가 나오지? 이건 거리를 나타내고, 아래쪽에 있는 건 그 거리만큼 갈 때 나오는 탄소량이야."

게임을 할 때처럼 세강이는 멋진 운전 실력을 뽐냅니다. 이동할 때마다 탄소 배출량은 점점 늘어갑니다. 드디어 부산 도착!

"도착했으니 탄소 배출량을 확인해 볼까? 총거리가 164.74km이고 탄소가 69.735kg 나오네. 편도니까 왕복으로 계산하면 탄소가 139.47kg 나온다고 봐야지."

"어마어마한 양이네요. 전 부산에 한 번 갔었는데 그때는 기차를 타고 갔어요. 기차를 타면 탄소 배출량은 얼마나 될까요?"

"서울에서 부산까지 기차로 가면 왕복 18.05kg의 탄소가 배출돼. 자동차보다 훨씬 적은 양이지."

"차이가 많이 나네요."

"그래서 자전거나 대중교통 이용을 권장하는 거야. 자동차는 10분만 타도 탄소발자국이 2100g이나 배출되지만 걷기나 자전거는 0g, 버스는 60g, 지하철은 4g이거든. 자동차에 비하면 상당히 적은 탄소를 배출하지. 오늘 광화문에서 대학로까지 걸어 왔지? 힘은 들었겠지만 걷는 것만으로도 탄소 배출을 줄인 거란다."

자원봉사자 형의 말을 듣고 나니 세 친구는 뿌듯해집니다. 굉장히 훌륭하고 기특한 일을 한 것 같습니다.

"저기 중앙으로 가면, 자전거 발전기를 만들고 있을 테니까 한 번 가 봐. 꼬마 숙녀도 자전거를 타 보면 좋을 것 같은데, 어때?"

"네!"

"자전거 발전기가 뭐예요?"

윤찬이가 호기심 어린 얼굴로 묻습니다.

"자전거를 돌려서 에너지를 만드는 거야."

"우와, 그럼 자전거 돌려서 에너지 나오면 메추리알 같은 거 또 먹을 수 있어요?"

"넌 어떻게 모든 게 먹는 걸로 연결되냐?"

"진짜 신기한 뇌구조라니까."

인정이와 세강이가 구박을 하든 말든 윤찬이는 서둘러 자전거 발전기 앞으로 갑니다. 분명히 먹을 게 있는지 없는지 궁금해서일 거예요. 마침 한 선생님이 여러 개의 바퀴 모양을 맞추고 있습니다.

"어서 오렴. 자전거 발전기를 만들고 있는 중이야."

"이 자전거를 돌리면 에너지가 생기는 거예요? 그걸로 전기도 켜고요?"

"하하하. 사람이 하루 동안 먹지도 않고, 땀을 뻘뻘 흘려가면서 얻을 수 있는 전력은 약 2킬로와트시(kwh) 정도밖에 되지 않아. 그래서 실제로 전기를 만들어 사용하는 일은 쉽지 않단다."

"그런데 왜 만들어요?"

세강이의 탄소 노트 자전거 발전기

자전거 발전기는 자전거를 돌려서 에너지를 만드는 기구예요. 자전거 페달을 밟아 생기는 운동 에너지를 전기 에너지로 변환해 솜사탕 기계를 작동시켜 솜사탕을 만드는 거랍니다.

"이렇게 자전거 발전기를 만들어 보면 에너지를 만드는 일이 얼마나 힘든 일인지 알 수 있거든. 에너지를 만들 때마다 많은 탄소가 배출된다는 사실도 알게 되고."

"어? 이거 솜사탕 기계다!"

언제 발견했는지 윤찬이가 반갑게 소리칩니다. 정말 자전거 옆에는 분홍색 솜사탕 기계가 있습니다. 예닐곱 살쯤 되어 보이는 남자애가 자전거를 타고 있습니다. 자전거가 돌아가자 기계 안에서 몽실몽실 솜사탕이 만들어집니다. 세 친구는 아까보다 더욱 흥미로운 얼굴로 설명을 듣습니다.

"톱니바퀴 모양처럼 생긴 이건 스프라켓(sprocket)이라고 하는데 큰 것부터 작은 것 순서대로 끼워주면 돼. 허브라고 부르는 가운데 구멍엔 너트를 끼울 거야. 이건 스프라켓이 빠져나가지 않도록 도와주는 장치야. 허브와 스프라켓을 조립하고, 구멍에 베어링(회전축을 지지하는 기계 부품)을 넣고 볼트로 잡아주면 끝. 마지막으로 코일(나사 모양으로 전선을 여러 번 감은 것) 달린 거 보이지?"

"코일이 굉장히 많아요. 자전거 바퀴 모양 같고요."

"맞아. 자전거 바퀴처럼 쓰일 거니까. 여기에 자석이 달린 회전자, 다이오드(전류를 한 방향으로만 흐르게 하는 반도체 소자), 충전할 수 있는 배터리를 달면 돼. 부품만 있으면 조립은 힘들지 않아."

선생님은 부품을 차례로 끼워 완성했습니다.

"실제로 이걸 사용하는 곳도 있나요?"

"그럼. 대체 에너지로 사용하고 있는 곳이 있지. 허허, 우리 꼬마 손님이 솜사탕을 손에 들었구나. 이번에는 너희들 차례네. 솜사탕 맛있게 먹어."

"네!"

윤찬이가 제일 큰 소리로 외칩니다.

"인정아, 자전거 타 봐. 이건 고정되어 있는 거니까 무섭지 않을 거야."

윤찬이가 웬일로 인정이에게 먹을 것을 양보합니다. 세강이는 이런 윤찬이를 처음 본 것 같아요. 먹을 것을 양보할 윤찬이가 아니니까요.

"고마워."

인정이는 인사를 하고 자전거에 올라탑니다. 인정이는 정말 자전거를 안 타 봤는지 올라가는 것도 위태로워 보입니다. 보고 있던 세강이가 투덜거립니다.

"야, 아까 꼬마도 탔는데 그까짓……."

갑자기 윤찬이가 세강이의 입을 틀어막습니다. 윤찬이는 인정이가 자전거 안장에 앉을 때까지 차근차근 옆에서 도와줍니다. 인정이는 윤찬이 덕분에 무사히 자전거에 올라탑니다.

"여기에 발을 올려."

윤찬이는 인정이 발까지 잡고 자전거를 돌릴 수 있도록 도와줍니다. 인정이도 윤찬이가 하는 대로 가만히 있습니다. 순간, 인정이 얼굴이 붉어진 듯도 합니다.

"와! 됐다! 인정아, 너 지금 자전거 타고 있어!"

"진짜? 정말이네? 나 자전거 타고 있는 거 맞지?"

인정이는 정말 즐거운 표정입니다. 솜사탕이 만들어지기 시작하자 인정이는 더 신 나게 자전거 페달을 돌립니다.

"둘이 먹다 하나가 죽어도 모를 맛있는 솜사탕 나왔습니다."

세강이의 탄소 노트 — 탄소배출권 거래제와 함께 한 온실가스 제로 평창 동계올림픽!

2018년 우리나라에서 열린 평창 동계올림픽이 저탄소 올림픽 구현을 목표로 했었다는 사실을 알고 있나요? 국내 기업들도 평창에 탄소배출권을 기부하였다고 합니다. 이 탄소배출권은 평창 동계올림픽 준비를 비롯해 운영기간 동안 전반적으로 발생하는 온실가스 배출량으로 인한 부담을 줄여주었는데요.

한국에서는 2012년 5월 2일 국회에서 탄소배출권 거래제 법안이 통과되어 2015년부터 시행되고 있어요. 우리나라는 법안 제정 당시 세계 7위의 온실가스 배출국으로 연간 배출량이 5억t에 달해 반드시 도입해야 하는 정책 중 하나였기 때문에 시작 전부터 기대가 컸답니다.

이런 상황에서 평창 동계올림픽의 저탄소 올림픽 구현은 큰 의미가 있었습니다. 그리고 평창올림픽 조직위원회는 폐막 후 역대 올림픽 사상 최초로 '온실가스 제로화'를 실현했다고 발표했어요.

자원봉사자 누나가 솜사탕을 인정이에게 건넵니다. 인정이는 솜사탕을 받아서 반을 뚝 떼어내더니 윤찬이에게 내밉니다.

"도와준 상이야."

인정이가 도도한 얼굴로 말하자 윤찬이는 헤헤거리며 솜사탕을 받아 입안에 넣습니다. 싱글거리던 얼굴이 더 환해집니다.

"이번에는 저 자전거 타 볼까? 내가 도와줄게."

"정말? 나 자전거 진짜 못 타는데…….”
"괜찮아, 내가 뒤에서 잡아줄게. 이거 다 먹고 타자!”
"그래!”
세강이는 투명인간이 된 듯합니다. 지금 이 둘 사이에 윤세강은 보이지 않는 모양입니다. 그리고 이런 상황이라니, 전혀 상상하지도 못했던 일입니다.
'참 나, 이것들이. 나도 눈치 없는 남자가 아니라고.'
세강이는 슬쩍 다른 곳으로 갑니다.
"나는 저쪽 갈게. 재활용품으로 뭘 만들었나 봐.”
"어, 어.”
윤찬이는 얼떨결에 대답을 합니다.
"재활용품? 왜 자전거 안 타고?”
"세강이 원래 뭐 만들고 그러는 거 좋아하잖아.”
"아, 그렇긴 하지.”
윤찬이가 고개를 끄덕입니다. 인정이만 세강이 뒷모습을 바라보며 싱긋 웃을 뿐입니다.

탄소발자국을 아시나요?

탄소발자국이란 동물이 걸을 때 땅에 발자국을 남기는 것처럼 우리가 생활하면서 직접 또는 간접적으로 발생시키는 온실가스(특히 이산화탄소)의 총량을 말해요. 여기에는 일상생활에서 사용하는 연료, 전기, 물품 등이 모두 포함됩니다. 녹색생활을 실천하기 위해서 우리가 얼마만큼의 온실가스를 배출하고 있는지 파악하는 것은 매우 중요합니다. 그래서 등장한 개념이 탄소발자국이랍니다.

감자 칩을 예로 들어 볼까요? 자연에서 기르고 수확한 감자를 공장에서 가공하고 포장을 한 후 매장으로 운반하면 감자 칩이 우리 손에 들어옵니다. 이러한 생산과정뿐만 아니라 먹고 난 후 포장지를 폐기하는 전 과정에서도 탄소가 발생합니다. 이렇게 눈에 보이지는 않지만 일상생활에서 탄소가 발생한 흔적이 보이는 것을 감자 칩의 탄소발자국이라고 합니다.

탄소를 얼마 배출했는지 진단하도록 도와주는 것이 탄소계산기인데요. 그중에서도 탄소발자국 계산기란 생활에서 직·간접적으로 발생하는 탄소 발생량을 계산해 주는 도구입니다. 생수병 1개는 10.6g, 종이컵 1개는 11g의 탄소를 배출하는 것처럼 각각의 물건이나 행위 등에서 정량화된 수치를 알면 좋겠지만, 모든 상황에서 이를 일일이 확인하기란 사실 쉽지 않습니다.

그래서 환경부와 그린스타트에서는 탄소발자국 계산기를 개발하여 대다수의 가정에서 공통적으로 사용하는 교통, 가스, 전기, 수도, 폐기물 등의 사용량을 입력하면 자동으로 탄소 배출량을 계산할 수 있도록 하고 있습니다.

미국·영국·일본·스위스 등 대부분의 선진국들은 국민에게 다양한 탄소 중립 프로그램을 제시해 일상생활에서 탄소 발생을 자발적으로 줄이도록 유도하고 있습니다. 우리나라도 지식경제부·환경부·산림청·여성부·기후변화센터 등의 홈페이지에서 탄소 중립 프로그램과 탄소계산기를 제공해 소비자들의 참여를 유도하고 있습니다.

우리 집은 탄소를 얼마만큼 배출하고 있는지 궁금하죠? 지금 바로 산림청 사이트에 있는 탄소발자국 계산기로 우리 집 탄소 배출량을 계산해 보세요.

탄소계산기 관련 사이트와 특징

명칭	홈페이지	진단 내용과 특성
탄소발자국	www.kcen.kr/tanso/intro.green	• 가정생활 : 가스, 수도, 쓰레기, 전기 • 교통수단 : 자가용, 대중교통, 기차 • 탄소 배출 감소 방안 제시(가전제품 에너지 절약 방안)
탄소나무 계산기	carbonregistry.forest.go.kr/fcr_web/jsp/calculator/main.html	• 가정생활, 결혼, 돌잔치, 일반 행사, 여행 • 탄소 배출 감소 방안 제시(나무 심기 및 지원 방안)
석유환산톤 및 배출량 계산기	tips.energy.or.kr/popup/toe.do	• 석유 종류별 사용량에 따른 이산화탄소 배출량 확인 가능
이산화탄소 배출 계산기	home.kepco.co.kr/kepco/SM/C/D/SMCDPP00101.do?menuCd=FN29030401	• 가정 난방이나 전기 사용, 승용차, 항공 여행, 전시 행사 등에 따른 이산화탄소 배출량 측정

다음 중에서 탄소 배출을 줄일 수 있는 행동이 아닌 것은?

① 종이컵 대신 유리컵을 사용한다.
② 가까운 거리는 가급적 걸어 다닌다.
③ 슈퍼에 갈 때 종이백을 사용한다.
④ 안 쓰는 전기 플러그는 뽑아 둔다.

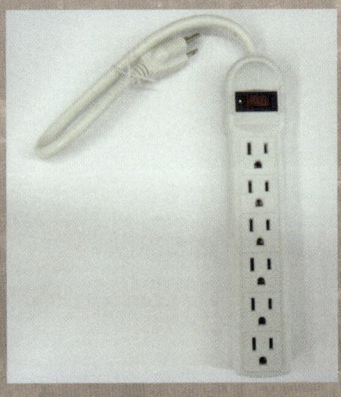

&답 ③ 슈퍼에 갈 때 종이백을 사용한다.

종이 대신 유리컵을 사용하면 탄소 배출을 줄일 수 있다. 가까운 거리를 걸어 다니면 자동차를 타고 가는 것보다 온실가스 배출을 줄일 수 있다. 안 쓰는 전기 플러그를 뽑아두면 대기전력을 차단하여 에너지 소비를 줄일 수 있다. 하지만 종이백은 비닐봉투보다 제작 시 더 많은 에너지가 소모된다.

4장
탄소는 줄고 지구는 살고

지구를 위해 한 가지는 할 수 있어요

 토요일 아침, 세강이는 일찍 눈을 뜹니다. 과학 숙제를 하려고 윤찬이, 인정이와 모둠을 이뤘거든요. 오늘은 세강이네 집에서 각자 조사한 것을 발표하고 숙제를 같이 하기로 했습니다.
 "우왓, 시간이 벌써 이렇게 됐네."
 방청소부터 시작한 세강이는 창문을 열고 책, 장난감, 그리고 옷들을 정리합니다. 책상 구석, 침대 아래에서 별것들이 다 나옵니다. 벗어놓은 양말, 빈 음료수 병, 과자 봉지, 레고 조각 등 커다란 쓰레기 비닐봉투가 어느새 반이나 찼습니다.
 빨아야 할 옷들을 세탁기 옆 바구니에 넣습니다. 물건들을 치운 후엔 청소기로 쫘악! 마법이라도 부린 듯 방이 깨끗해집니다.

"뭐로 좀 꾸며 볼까? 아, 그렇지!"

색종이를 오려 붙이니 더 나아 보입니다.

"엄마, 엄마!"

얼른 들고 가서 엄마에게 보여 줍니다.

"잘 만들었네. 쓰기에도 편하겠다."

엄마가 환하게 웃으며 칭찬을 합니다. 엄마한테서 맛있는 냄새가 납니다. 친구들과 함께 먹으라고 간식을 준비 중입니다. 세강이가 제일 좋아하는 핫케이크에 잘 익은 계란도 있습니다. 엄마에게 윤찬이와 메추리알 이야기를 해 주었거든요.

딩동딩동.

벨이 울리는 소리가 들리더니. 윤찬이와 인정이가 함께 들어옵니다. 그런데 둘은 똑같은 마스크를 쓰고 있습니다. 오늘 날씨는 별로 춥지 않다고 했는데 웬일인지 모르겠습니다. 세강이는 고개를 갸웃거립니다.

"어서들 와라. 윤찬아, 달걀 많이 삶아 놓았단다."

"아줌마, 감사합니다!"

윤찬이가 마스크를 벗으며 말합니다. 인정이는 여전히 마스크를 쓰고 있습니다. 엄마가 간식을 챙겨주며 말합니다.

"인정아, 이젠 마스크 벗어도 돼."

"네, 엄마가 미세먼지가 많다고 쓰고 가라고 했거든요."

"그래, 요새 좀 그렇지? 옛날보다 확실히 공기가 안 좋긴 해."

"맞아요. 이번에 공부하면서 배웠는데 이것도 다 지구온난화 때문이래요. 원인은 탄소 때문이라구요."

"우리 인정이가 더 똑똑해졌네."

"탄소배출권이요……."

인정이가 얘기를 더 하려고 하자 세강이는 윤찬이에게 눈짓을 보냅니다. 얼른 방으로 들어가자는 신호입니다. 인정이와 윤찬이가 방문을 열고 들어가다가 깜짝 놀랍니다. 들고 있던 쟁반을 떨어뜨릴 뻔했어요.

"야, 윤세강! 네 방 맞아?"

"흠흠, 엄청 깨끗하지?"

"저번에 왔을 때는 들어올 수도 없더니. 웬일? 완전 딴 방 같아."

"일단 쟁반부터 좀 내려놓자."

인정이가 내려놓은 쟁반에는 핫케이크와 우유가 있습니다. 간식을 다 먹고 본격적으로 숙제를 합니다.

"각자 조사한 걸 말해 보자."

"그래."

"나는 쓰레기를 잘 안 치우니까, 분리수거를 통해 탄소 배출량을 줄이는 일에 관심이 있어서 재생 에너지를 조사해 봤어."

"태양열 에너지나 풍력 에너지 같은 거?"

"그것도 있지만 요즘 태양열이나 풍력 에너지 못지않게 주목받는 신재생 에너지가 있어. 폐기물 쓰레기를 변환시켜서 연료나 에너지를 생산하는 폐기물 에너지야."

 세강이가 조사해 온 자료에 따르면 폐기물 에너지는 '폐기물을 활용한 재생 에너지'를 뜻합니다. 사업장이나 가정에서 발생하는 가연성 폐기물(소각장 등에서 연소할 수 있는 폐기물) 중 에너지 함량이 높은 폐기물을 연료로 바꾸는 것입니다. 놀라운 사실은 신재생 에너지의 약 70%가 폐기물 에너지라고 합니다. 그래서 분리수거가 중요한 것이죠.

세강이의 탄소 노트 — 신재생 에너지란?

신재생 에너지는 기존의 화석 연료를 재활용하거나 재생 가능한 에너지를 변환시켜 이용하는 에너지로 태양 에너지, 지열 에너지, 해양 에너지, 바이오 에너지 등이 있습니다. 새로운 자원을 개발하여 에너지원으로 이용하는 것이 아니라, 기존에 있던 에너지원에 새로운 기술을 도입하여 에너지를 얻는 것이라고 할 수 있지요.
우리나라에서도 3개 분야의 신재생 에너지(연료전지, 석탄액화가스화, 수소 에너지)와 8개 분야의 재생 에너지(태양열, 태양광, 바이오매스, 풍력, 소수력, 지열, 해양 에너지, 폐기물 에너지) 등 총 11개 분야를 신재생 에너지로 지정하여 신재생 에너지의 개발과 실용화를 위해 노력하고 있답니다.

폐기물 에너지는 생산할 때 비용이 적게 들고, 쓰레기 양을 줄입니다. 또한 쓰레기 매립지 부족 문제를 해결하는 데도 중요한 역할을 합니다. 고체, 액체, 가스연료 등 산업 활동에 필요한 다양한 형태의 에너지도 추출할 수 있습니다.

"와, 조사 잘했는데?"

"그러게. 분리수거하는 게 얼마나 중요한지 알겠다."

세강이의 발표를 들은 인정이와 윤찬이가 박수를 칩니다.

"그런데 어떻게 분리수거를 해야 하는지도 알려주면 좋을 것 같아."

"그거 좋네."

인정이의 제안에 윤찬이가 동의합니다.

"우리 엄마가 그러는데 우유팩은 물에 한 번 씻어서 버려야 한대."

"맞아, 나도 엄마가 하는 거 봤어."

"페트병은 꼭 밟아서 버려야 해."

"부피를 줄이기 위해서지?"

"우리 집에서 그건 내 담당이야. 내가 무게가 좀 나가잖아."

윤찬이가 자랑스럽게 얘기했지만 인정이와 세강이는 풋, 웃음을 터뜨리고 맙니다.

"페트병 버릴 때 붙어 있는 비닐은 떼야 하구."

"맞아, 맞아. 그렇게 안 하고 페트병 밟아대서 엄마한테 혼났어."

윤찬이가 약간은 바보스럽게 천천히 웃습니다.

"이번에 조사해 보니 잘못한 것도, 모르는 것도 너무 많더라."

"나도 그래."

"이번엔 누가 발표할 거야?"

"내가 할게. 내가 조사한 건……."

"먹는 거겠지."

윤찬이가 말하기도 전에 세강이가 말하자 윤찬이가 헤헤, 웃습니다. 윤찬이는 식품 수송으로 발생하는 환경 부담을 수치로 나타낸 '푸드 마일리지'를 조사해 왔습니다.

"탄소 배출을 줄이려면 수입산보다 우리 농산물을 먹어야 해. 수송 거

푸드 마일리지란?

푸드 마일리지는 식품의 수송량에 생산지에서 소비자까지의 수송거리를 곱한 것으로, 식품 수송으로 발생하는 환경 부담의 정도를 수치로 나타낸 것입니다.
푸드 마일리지가 적을수록 탄소 배출이 적습니다. 가장 가까운 곳에서 생산된 농산물을 먹는 것이 지역경제에도 도움을 주고, 환경에도 좋습니다. 물론 건강에도 좋지요.

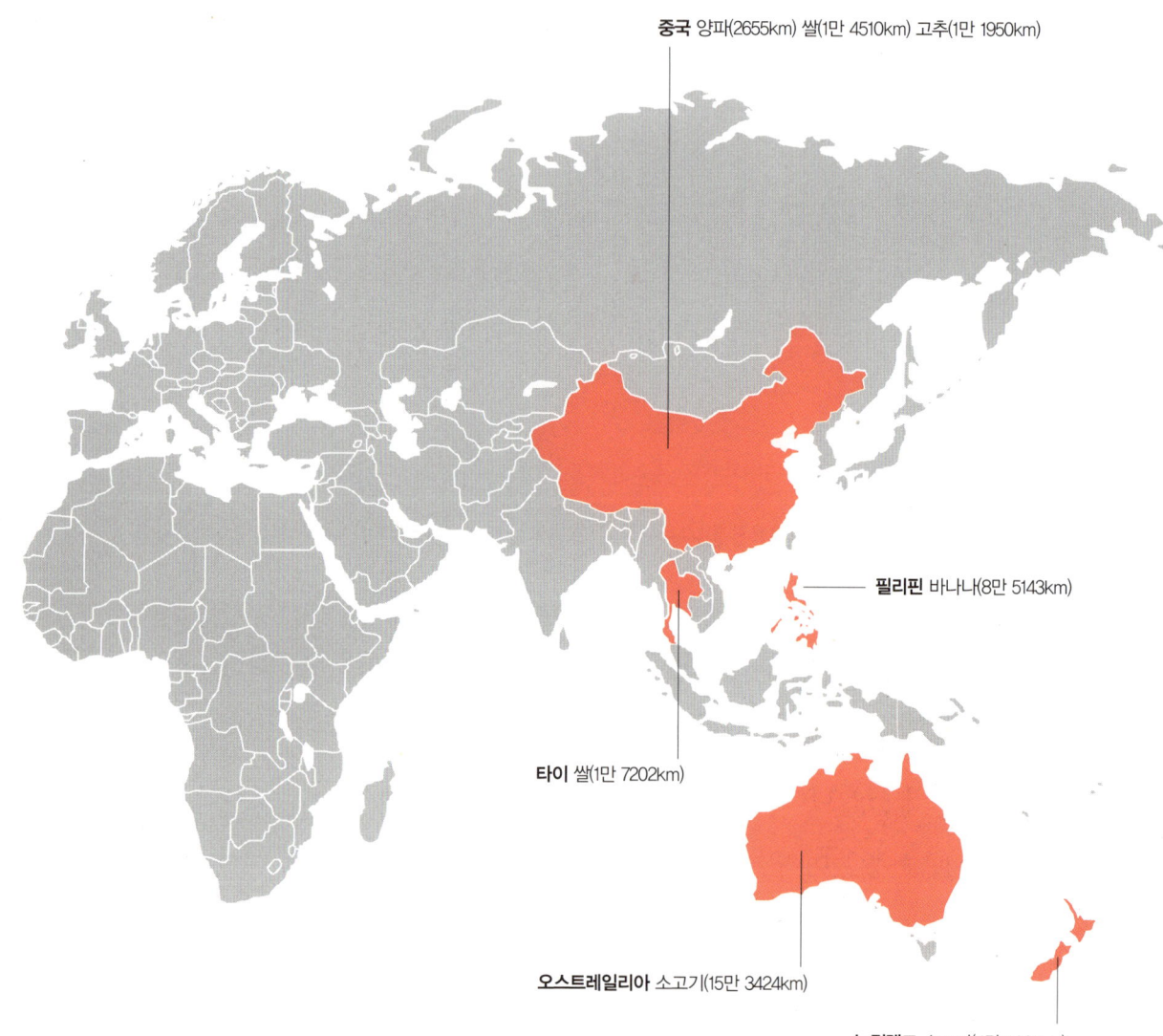

중국 양파(2655km) 쌀(1만 4510km) 고추(1만 1950km)
필리핀 바나나(8만 5143km)
타이 쌀(1만 7202km)
오스트레일리아 소고기(15만 3424km)
뉴질랜드 소고기(4만 4031km)

푸드 마일리지의 특징
① 푸드 마일리지가 높을수록 배출되는 온실가스의 양은 많아지고, 긴 운송 기간으로 인해 식품 안전성은 낮아져요.
② 푸드 마일리지의 수치를 통해 식품의 수입 의존도 및 신선도, 방부제 사용 정도 등을 파악할 수 있어요.

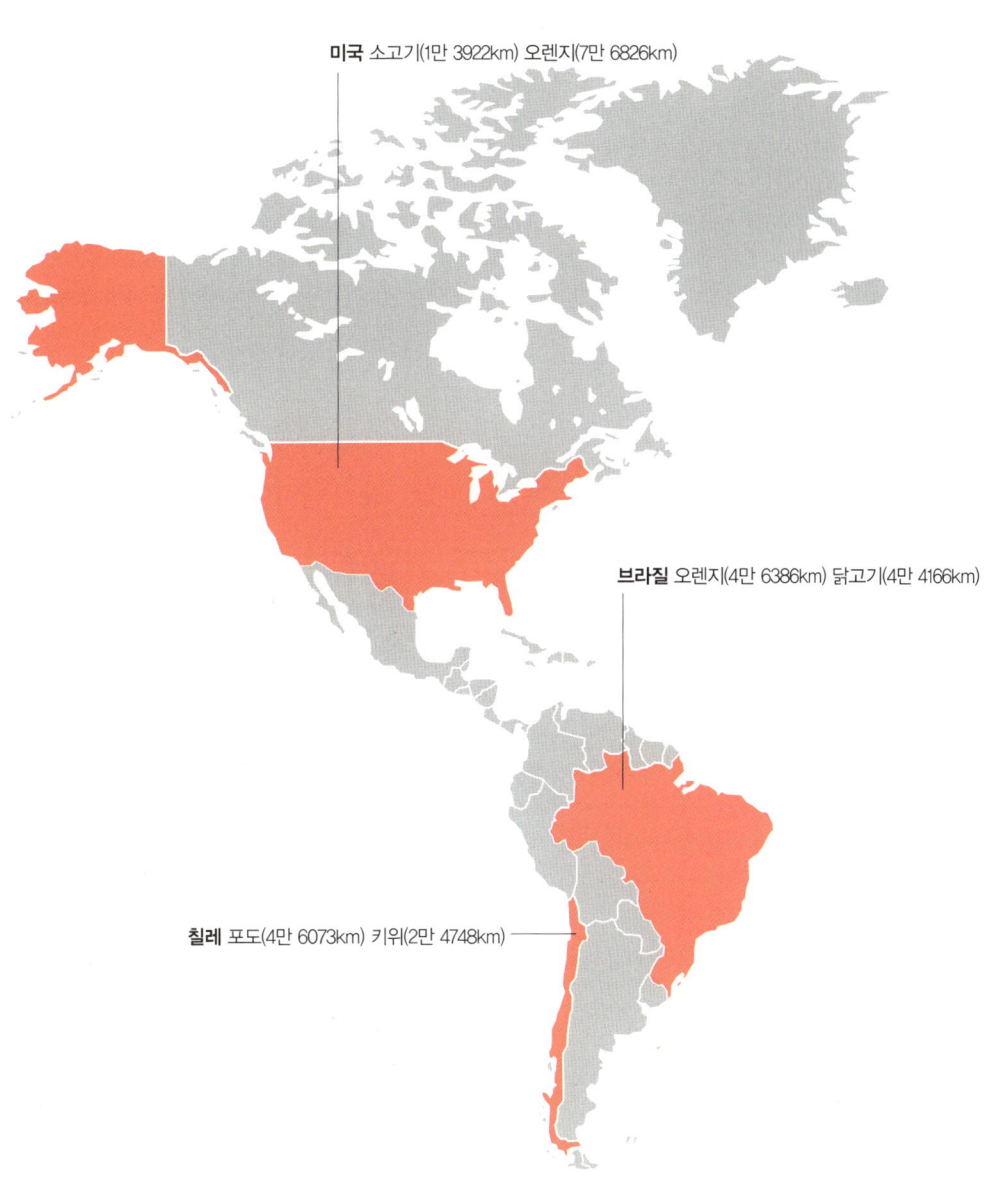

미국 소고기(1만 3922km) 오렌지(7만 6826km)
브라질 오렌지(4만 6386km) 닭고기(4만 4166km)
칠레 포도(4만 6073km) 키위(2만 4748km)

리가 멀수록 푸드 마일리지가 높아지거든."

"또 한 가지 방법은 화장실 물을 아껴 쓰는 거야. 대학로에서 녹색생활 체험을 했을 때 물을 생산하는 데도 탄소가 배출된다는 것을 알았거든. 엄마한테 혼나지 않기 위해서라도 화장실 물은 아껴 쓰는 게 좋지만."

4인 가족 기준으로 볼 때 화장실 1일 물 사용량이 255ℓ 정도 된다고 합니다. 대소변을 구분하는 절수부속을 설치하면 67ℓ인 30% 정도의 물을 절약할 수 있습니다. 1.5ℓ 용량의 물병을 물탱크 안에 넣는 것도 물을 절약하는 한 가지 방법입니다.

설거지를 할 때도 물을 틀고 음식 재료를 씻는 습관을 바꾸는 게 좋습니다. 10분 동안 물을 틀어 놓은 상태로 설거지를 하면 100ℓ 이상의 물을 사용하게 됩니다. 하지만 설거지통을 사용하면 20ℓ의 물로도 설거지가 가능합니다. 음식물이나 기름기를 휴지로 닦아내고 설거지를 하면 더욱 좋다고 합니다.

윤찬이가 발표를 끝내자 이번에는 인정이 차례입니다.

"나는 전기료도 아끼고, 탄소 배출량도 줄일 수 있도록 사용하지 않는 전기 플러그를 뽑는 방법을 고민해 봤어. 생각해 보자. 사용하지 않는다고 전류가 흐르지 않을까?"

"글쎄……."

세강이와 윤찬이가 고개를 갸웃하자 인정이가 손가락을 흔듭니다.

"쓰지 않을 때도 전류가 흘러. 그만큼 낭비라고."

전원을 끈 상태에서도 전기제품이 플러그를 통해 소비되는 전력을 대기전력이라고 합니다. 이렇게 낭비되는 전기가 약 10%나 된다고 합니다. 코드를 꽂고 빼는 것이 귀찮다면 부분적으로 껐다 켤 수 있는 멀티 탭을 쓰면 편리합니다.

"그리고 종이컵 대신 텀블러를 쓰는 것도 좋아. 나도 앞으로 텀블러를 쓸 거야."

"생각보다 많은 일을 할 수 있구나."

"응. 조금만 노력하면 엄청나게 많은 에너지를 절약할 수 있어. 에너지를 절약하면 그만큼 탄소 배출을 줄이는 거고."

"뭔가 뿌듯하지 않냐?"

세강이의 말에 누가 먼저랄 것도 없이 인정이와 윤찬이가 고개를 끄덕입니다. 알수록 재미있고, 재미있는 만큼 실천하고 싶은 생각이 듭니다.

나무는 착한 숨을 쉬어요

드디어 조사한 것을 발표하는 날입니다. 세강이와 윤찬이, 인정이는 그 어느 때보다 자신 있는 표정으로 과학 수업을 듣습니다. 한 명만 대표로 발표하는 것이 아니라, 각각 조사한 분야를 세 명이 함께 발표하기로 했습니다. 한 명이 발표를 하면 옆에서 한 사람이 도와주기로요.

"숙제는 다들 잘해 왔지? 발표를 잘한 모둠에는 상도 있어."

"무슨 상이요? 먹는 거예요?"

"윤찬이 너는 어째 먹는 것밖에 모르냐?"

과학 선생님이 한 마디를 하자 웃음이 까르르 터집니다. 세강이가 윤찬이를 힐끗 바라보자 어느 때보다 의욕에 가득 차 있는 눈빛입니다. 정말로 윤찬이는 선생님이 준비한 상이 먹을 것이라고 생각하나 봐요.

다른 모둠도 열심히 조사를 한 것 같습니다. 발표가 끝날 때마다 몰랐던 것을 알게 되기도 하고, 이미 알고 있는 것을 더 자세히 알게 되기도 합니다. 세강이와 윤찬이, 인정이는 발표 순서가 마지막입니다. 세강이와 윤찬이가 먼저 자신이 맡은 부분을 발표하고, 그다음에 인정이가 발표합니다.

"우리 한 사람 한 사람의 노력이 탄소를 줄이려는 한 나라의 노력으로 이어지고, 여러 나라들의 노력이 탄소배출권으로 이어집니다. 아는 것보다 더 중요한 것은 실천입니다. 오늘부터라도 각자 한 가지씩 실천한다면 더 살기 좋은 지구가 될 것입니다."

발표가 끝나자 선생님은 모두 잘했다며 박수를 칩니다. 누가 상을 받을지 내심 기대가 됩니다.

"모두 잘했어. 오늘 가장 잘한 모둠은 그중에서도 마지막 발표 모둠!"

"우와!"

세강이와 윤찬이, 인정이는 신이 나서 하이파이브를 합니다. 역시 열심히 조사를 한 보람이 있습니다.

"약속대로 선물을 주마."

선생님은 교탁 아래에서 화분 세 개를 꺼냅니다. 비닐 포장에 예쁜 리본까지 달려 있습니다. 화분 속 식물은 모두 다른 종류입니다.

"선생님! 설마, 그게 선물은 아니죠?"

윤찬이가 가벼운 한숨까지 쉬며 실망스러운 표정으로 물어봅니다.

'차라리 먹을 것을 주시지.'

윤찬이가 속으로 하는 말이 다 들리는 것 같아서 세강이는 또 웃고 맙니다.

"이 식물들은 공기를 정화시켜 주는 것들이란다. 고무나무, 아이비, 관음죽. 이름을 들으니 생각나는 거 없어? 우리가 공부하고 있는 것과 관련이 있는 것 같은데?"

"나무가 이산화탄소를 흡수해요."

"맞아, 나무는 산소를 내뱉고 이산화탄소를 흡수하지. 그러니까 나무한테 고맙다고 인사를 해야지."

윤찬이가 들고 있는 화분을 보고 고개를 숙입니다.

"인사가 아니라 고인의 명복을 비는 것 같다."

누군가 윤찬이를 향해 말하자 선생님과 반 친구들이 한바탕 웃습니다. 선생님은 수업을 계속합니다.

"서울에서 부산까지 기차를 타고 갈 때와 자동차를 타고 갈 때, 이산화탄소 배출량은 뭐가 더 많을까?"

"당연히 자동차죠."

"정말 공부 제대로 했는데?"

"저거 우리 대학로에서 체험했던 내용이다."

인정이가 참지 못하고 작은 소리로 아는 척을 합니다. 선생님이 빙긋 웃으며 인정이에게 묻습니다.

"인정이가 아는 내용이 있나 본데?"

"네. 얼마 전에 세강이랑 윤찬이랑 대학로에서 '저탄소 녹색생활'이라는 체험을 했거든요."

"그랬구나, 좋은 경험이었겠네. 그럼 기차를 타고 갈 때와 자동차를 타고 갈 때 이산화탄소가 얼마나 배출되는지 기억나니?"

"잘 모르겠어요. 기차가 10kg대였고, 자동차는…… 100kg대였나?"

"비슷하단다. 서울에서 부산까지 기차로 갈 때 이산화탄소 배출량은 18.05kg이고, 자동차로는 139.47kg이 배출되지. 숫자만 봐도 엄청난 차이가 난다는 것을 알겠지? 이렇게 배출된 이산화탄소를 흡수하는 데 필요한 나무는 몇 그루나 될까?"

이번엔 인정이도 대답하지 못합니다. 선생님은 표 하나를 보여 줍니다. 나무 종류와 나이에 따라 탄소를 흡수하는 양이 나와 있습니다.

"나무 종류나 나이에 따라 탄소 흡수량이 다르지? 잎이 넓고 오래된 나무일수록 탄소 흡수량이 많단다. 그럼 오늘 선물받은 세 사람의 나무 중 탄소를 가장 많이 흡수하는 나무는 뭘까?"

아이들의 시선이 세강이와 윤찬이, 인정이가 들고 있는 화분을 향합니다.

"세강이 거요."

"맞아, 딱 봐도 잎이 넓지? 저건 고무나무인데 집 안에 놔두면 유독가스를 흡수해 준단다. 가끔 나뭇잎의 먼지를 닦아 주면 숨을 더 잘 쉬어서 효과가 좋을 거야."

세강이는 자신의 나무가 나쁜 독가스를 제일 많이 흡수해 준다니 괜히

탄소를 흡수하는 데 필요한 나무

	서울→부산까지의 탄소 배출량	탄소를 흡수하는 데 필요한 나무
기차	18.05kg	약 7그루(18.05kg/낙엽송의 탄소흡수율 2.62=6.88)
자동차	139.47kg	약 54그루(139.47kg/낙엽송의 탄소흡수율 2.62=53.23)

자랑스러워집니다.

"이번엔 서울에서 부산까지 갈 때 나오는 탄소를 흡수하는 데 몇 그루의 나무가 필요한지 계산해 볼까? 일단 기차가 내뿜는 탄소 18.05kg을 낙엽송의 탄소 흡수율 2.62로 나누면 6.88이 나오니까 약 7그루의 나무가 필요하네. 그럼 자동차를 타고 갔을 때 필요한 나무는 몇 그루일까? 각자 계산해 봐."

교실 안은 사각사각 연필 소리만 들립니다. 인정이가 먼저 손을 듭니다.

"53.23. 약 54그루의 나무가 필요합니다."

"맞아, 잘했다. 탄소를 흡수하는 데 필요한 나무를 계산해 보니 비교가 더 확실히 되지?"

"네."

반 친구들이 여기저기서 웅성거립니다. 지구에 있는 나쁜 탄소들을 없애려면 얼마나 많은 나무가 필요한 걸까요?

"놀라운 차이지? 그래서 대중교통 이용을 권하는 거야."

"우리가 집에서 전기를 사용할 때 나오는 탄소 배출량에 따른 나무 수도 알 수 있단다. 산림청에서 운영하는 사이트에 들어가면 '탄소나무 계산기'라는 게 있어. 탄소나무 계산기에 가정에서 사용한 전기와 도시가스 금액을 입력하면 이산화탄소를 흡수하기 위해 소나무를 몇 그루 심어야 하는지 검색할 수 있단다."

이젠 나도 탄소 박사!
탄소나무 계산기란?

탄소나무 계산기는 산림청이 2006년 4월 발표한 것으로 국민들이 평생 배출하는 이산화탄소의 총량을 계산하여 그만큼의 산소를 만들어 낼 수 있는 나무를 숫자로 환산해 주는 계산기입니다. 탄소나무 계산기는 산림청 홈페이지(carbonregistry.forest.go.kr/fcr_web/jsp/calculator/main.html)에 있어요. 스마트폰 전용 앱으로도 나와 있어 스마트폰에서 탄소나무 계산기를 검색하면 바로 나온답니다. 누구든지 쉽고 재미있게 탄소 배출을 계산할 수 있도록 상황별로 잘 만들어져 있어요. 장소 확보, 묘목 구입 등의 문제로 탄소 배출을 줄이기 어려운 사용자를 위해 다양한 나무 심기 행사와 기부 활동 관련 웹사이트도 연결되어 있답니다.

탄소나무 계산기 첫 화면에는 가정, 결혼, 돌잔치, 일반 행사, 여행 아이콘이 있어요. 주거형태와 평형, 가족 수, 난방연료의 월평균 요금, 주로 이용하는 교통수단, 자동차 주행거리 등을 입력하면 자신이 평생 내뿜는 이산화탄소의 양이 나옵니다. 이에 맞춰 자신이 평생 심어야 할 나무의 수가 계산됩니다. 예를 들어 20~29평형 아파트에 사는 3인 가족이 배기량 1500~2000cc급 자동차 1대를 연평균 1만 5000km쯤 타고 이들 구성원들이 80세까지 산다면 1인당 연간 12그루(가족 전체는 36그루)의 나무를 심어야 합니다.

여러분도 지구를 위한 필수 에티켓, 탄소나무 계산기로 모든 생활을 탄소 제로로 바꿔 보는 게 어떨까요?

산림청 홈페이지에 있는 탄소나무 계산기

이산화탄소를 가장 잘 흡수하는 나무는 무엇일까요?

지구상에 자라는 모든 녹색식물의 잎은 대기 중의 이산화탄소를 흡수하여 광합성으로 생명을 유지합니다. 특히 나무는 거대한 덩치만큼이나 많은 이산화탄소를 사용하므로 다른 어떤 식물보다 많은 양을 흡수합니다. 나무의 종류와 성장 상태, 나이 등에 따라 흡수량에는 차이가 나기 마련입니다. 침엽수보다는 활엽수가 더 많은 양을 흡수합니다. 활엽수의 잎 표면적이 훨씬 넓고 생장활동도 더 활발하기 때문입니다.

최근의 연구 결과에 따르면 우리나라의 경우 30년생 백합나무 1헥타르가 1년 동안 흡수하는 탄소량이 6.8톤으로 소나무 4.2톤의 1.6배나 된다고 해요. 주변에서 가로수로 흔히 볼 수 있는 플라타너스도 많은 양의 이산화탄소를 흡수하는 것으로 알려져 있어요. 대체로 성장이 빠른 나무들이 생리활동이 왕성하므로 더 많은 이산화탄소를 흡수한답니다.

시기적으로는 봄에 싹이 트고 잎이 날 때 이산화탄소를 활발하게 흡수합니다. 또 오래된 나무보다 젊은 나무가, 추운 지방보다는 더운 지방의 나무가 더 많은 양을 흡수한다고 해요.

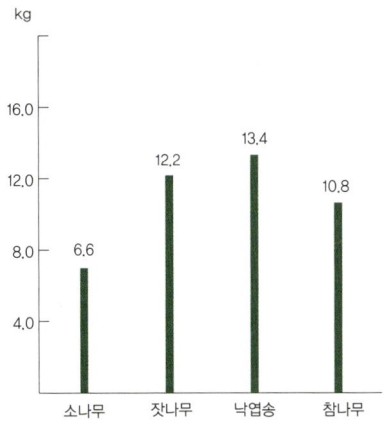

30년생 나무 1그루당 연간 CO$_2$ 흡수량

처음 듣는 이야기입니다. 세강이는 집에 가자마자 검색해 봐야겠다고 다짐합니다.

"마지막 조에서 발표할 때 종이컵 대신 텀블러를 쓰자는 얘기를 했었지? 우리나라는 1년 동안 약 12억 개의 종이컵을 사용한단다. 이때 배출되는 탄소량은 무려 13만 2000톤이란다. 이렇게 많은 양의 탄소를 흡수하려면 얼마나 많은 나무가 필요할까?"

잠시 후, 계산을 끝낸 인정이가 대답합니다.

"4725만 그루요."

그 말을 듣고 세강이는 깜짝 놀랍니다. 계산을 한 인정이도 놀랐나 봅니다. 한 번 내려간 턱이 좀처럼 올라오지 않습니다.

"4725그루라니, 얼마나 많은 나무가 필요한지 상상이 되니?"

아무도 대답하는 사람이 없습니다. 반 친구들 모두 종이컵을 너무나 쉽게 사용하고 있기 때문입니다. 많은 기관에서 우리가 살아갈 때 배출되는 탄소량을 계산할 수 있도록 돕고 있다고 합니다. 여행을 할 때도 항공, 철도, 고속버스, 자가용 등 어떤 교통편이 탄소 배출량이 적은지 비교해서 살펴볼 수도 있다고 합니다.

"작은 일 같지만 우리가 실천하는 일이 중요하단다. 물론 정부 차원에서 하는 노력도 중요하지. 국가 차원에서 탄소 배출량을 줄이면 탄소배출권도 팔 수 있단다."

"어디에 팔아요?"

"세계에서 운영하는 주요 탄소배출권 거래소가 있단다. EU 내 7개의 거래소 등 총 10개의 탄소배출권 거래소가 운영되고 있지. 탄소 배출에 대한 관심도가 높아지면서 탄소배출권 시장 규모도 점점 커지고 있어. 아직까지 미국, 일본 등 주요 국가에서 탄소배출권 거래제 시행에 대해 소극적인 태도를 보이고 있지만, 이들 국가가 참여하게 될 경우 탄소배출권 거래량뿐만 아니라 단위당 거래가격도 상승할 것으로 보여. 현재 그 흐름은 가속화되고 있지. 얼마 전에 일어난 일본 원전 사태 이후 탄소배출권 거래 가격이 급등했거든. 우리나라 정부나 기업의 관심도 더욱 높아지고 있고."

"나중에 이런 쪽 일을 할 수도 있겠네요?"

"물론이지. 미래의 유망한 직업이 될지도 몰라. 정말로 이런 쪽과 관련된 직업도 생겼단다. 대표적인 직업이 '탄소배출권 거래중개사'야. 배출권을 거래하고 지원하는 시스템에 참여할 수도 있고, 산업현장에서 배출되는 가스를 검증 및 인증하는 업무를 할 수도 있지."

"돈은 많이 벌까요?"

"하하하. 글쎄, 그것까지는 잘 모르겠구나. 하지만 너희들이 물과 에너지를 아껴 쓰는 것이 돈 버는 길이라는 것은 알겠다."

"에이."

세강이의 탄소 노트 : 탄소배출권 거래중개사란?

탄소배출권 거래중개사는 무슨 일을 할까요?
탄소배출권을 팔거나 사려고 하는 국가나 기업 간의 거래를 주선하는 사람으로, 유럽이나 미국 등 선진국에서는 이미 일반화된 직업 중 하나예요. 탄소배출권 거래 중개 업무 외에도 탄소배출권 정책 연구, 고객 발굴을 위한 기업 방문 등의 일을 한답니다. 한국고용정보원에 따르면, 국내 탄소배출권 거래 분야에 10명 내외의 탄소배출권 거래중개사가 활동하고 있다고 해요.

탄소배출권 거래중개사가 미래 유망직종이라고?
EU, 일본, 캐나다 등 선진국은 이미 탄소배출권 거래제도가 시행되고 있고 한국도 2015년 초부터 시행됐어요. 한국은 2016년 기준 전 세계에서 온실가스를 11번째로 많이 배출하는 나라예요. OECD 회원국 중에서는 5번째로 많고요. 그렇기 때문에 배출권 판매자를 찾아 적당한 가격에 거래를 주선해 주는 탄소배출권 거래중개사 역할이 유망한 직업으로 떠오르는 거죠.

탄소배출권 거래중개사가 되려면?
서울대, 고려대 등에 있는 기후변화특성화대학원에서 관련 학문을 공부하거나 민간 교육 프로그램을 이수해 민간 자격증을 따거나 경험을 통해 전문성을 쌓으면 된답니다. 중요한 것은 국제적인 거래를 할 수 있는 외국어 실력, 환경 분야나 국제 거래에 대한 지식 외에도 적당한 배출권 구매 시점과 가격 등을 분석해서 조언해 줄 수 있는 역량을 갖춰야 한다는 거예요. 석탄, 석유 등 에너지 가격과 기후 변화, 세계 경기 흐름, 정부 정책 등 배출권 가격에 영향을 미치는 다양한 변수를 파악할 수 있어야 하죠.

아이들은 선생님의 말에 아쉬운 듯합니다.

"저런, 실망하긴 너무 일러. 선생님이 오늘 간식 쏠 거니까!"

"와아!"

반 친구들 모두 기쁨의 함성을 지릅니다. 물론 가장 큰 소리로 온몸까지 흔들며 기쁨을 표현한 건 윤찬이지요.

녹색생활 선언문을 만들어요

세강이는 요즘 하루하루가 즐겁습니다. 분리수거도 억지로 시켜서 하지 않고 스스로 합니다. 윤찬이와 인정이하고도 녹색생활을 계속 이어나가자고 약속했습니다. 하굣길에 세강이가 두 친구에게 묻습니다.

"저번 과학 시간에 선생님이 했던 말 기억나?"

인정이와 윤찬이는 멀뚱히 세강이만 바라봅니다.

"정말 다들 잊어버린 거야?"

여전히 인정이와 윤찬이는 세강이만 바라봅니다.

"그러니까 돈을 잘 벌 수 있는 방법!"

"아하, 물과 에너지 아끼라는 거?"

그제야 인정이가 기억이 난 듯 대답합니다.

"응. 생각해 봤는데 진짜 돈 버는 일이더라고. 에너지도 아끼고 돈도 벌고. 바로 그런 걸 '꿩 먹고 알 먹고'라고 하지."

"뭘 먹는다고?"

관심 없는 듯 옆에서 걷던 윤찬이가 그제야 반짝, 눈을 빛냅니다.

"그래서 말인데, 우리 탄소 배출과 관련된 녹색생활 선언문을 만들면 어떨까?"

"녹색생활 선언문?"

"응. 탄소를 줄이고 에너지를 아껴 쓰는 건 정말 중요한 일이잖아. 우리가 살고 있는 지구 환경을 지키는 일이니까. 그러니까 꾸준히 실천할 수 있는 일을 찾아서 해 보자고."

"그거 좋은데."

"나도. 뭔가 지구를 위해 계속 실천할 수 있으면 좋겠어."

"오케이. 그럼 이번 주 일요일에 우리 집에서 다시 모이는 거다."

윤찬이와 인정이는 세강이네 집에 다시 모여 지난번에 발표했던 내용들을 찬찬히 정리해 봅니다.

"잘하고 있는 일은 계속 하면 되니까, 각자 잘 안 되는 것을 중심으로 생각해 보자."

세강이의 제안에 인정이가 먼저 말합니다.

"자신이 하는 행동 중 탄소를 가장 많이 배출하는 것을 생각해 보자는 거지?"

"응. 그런 것을 중심으로 고쳐 보는 거야."

"우리가 공통적으로 하는 일들도 있을 것 같아."

"전기 에너지를 줄이면 어떨까?"

"맞아, 어린이 신문에서 봤는데 텔레비전 시청을 한 시간만 줄여도 탄소 배출이 줄어든대."

인정이가 의기양양하게 말합니다. 순간 세강이 머릿속에 뭔가가 떠올라 서둘러 노트를 가져와 적기 시작합니다. 인정이와 윤찬이에게도 종이를 나눠줍니다. 생각을 정리하고 어떻게 선언문을 만들지 떠오르는 것들을 적기로 합니다.

세강이는 이번 경험과 발표를 통해 느낀 점이 많습니다. 스스로 할 수 있는 일이 있다는 것도 알았습니다. 작은 것 하나를 실천하는 일, 그 작은 일들이 모여 많은 양의 탄소를 줄일 수 있습니다. 지구도, 지구에서 살아가는 사람들도 함께 행복할 수 있습니다.

겨울이 끝나고 막 봄이 오려는 날들입니다. 오늘따라 더욱 환하게 빛나는 달빛이 얼굴을 내밀고 세강이와 윤찬이, 인정이네 집을 내려다봅니다.

윤찬이네 집 냉장고는 굳게 닫혀 있습니다. 냉장고 문에는 큰 종이 하나가 붙어 있습니다. 다양한 음식의 열량과 이것을 생산할 때 배출되

는 탄소량이 적혀 있습니다. 과자 열량 285kcal - 탄소 328g, 음료수 110kcal - 탄소 104g. 그리고 그 아래에는 붉고 선명한 글씨로 이렇게 쓰여 있습니다.

냉장고 문을 열지 말자! 살이 빠진다!

어디선가 '꼬르륵' 소리가 크게 들립니다. 잠을 자려고 누워 있는 윤찬이 배에서 나는 소리입니다.
인정이 집에서는 엄마 목소리가 들립니다.
"인정아! 전기 아끼는 것도 좋지만, 냉장고 코드까지 다 빼버리면 어떡하냐!"
인정이는 엄마 목소리를 듣지 못하고 동생, 아니 강아지를 안고 쿨쿨 잠을 자고 있습니다. 인정이 머리맡에는 커다란 글씨가 쓰여 있는 노트가 있습니다.

쓰지 않는 전기는 모두 빼 주세요.

세강이네는 온 가족이 거실에 모여 있습니다. 거실 벽 한쪽에는 액자가 하나 걸려 있습니다.

지구를 살리자!

큼직한 글씨가 쓰여 있는 액자 아래엔 싱싱한 초록 잎을 드리운 화분이 놓여 있습니다. 화분은 하루가 다르게 무럭무럭 자랍니다. 도란도란 이야기를 나누며 맛있는 과일을 먹는데 갑자기 전기가 나갑니다. 순식간에 어두워져서 엄마와 아빠 얼굴도 보이지 않습니다. 아빠는 핸드폰을 열어 불빛을 만듭니다. 그리고 금세 어디선가 초 하나를 꺼내와 촛불에 불을 붙인 뒤 핸드폰을 끕니다.

초 하나에 불을 밝혔을 뿐인데 엄마, 아빠의 얼굴이 환히 보입니다. 세강이는 작은 불빛 하나가 엄청난 힘을 갖고 있다고 생각합니다. 엄마가 촛불보다 밝은 얼굴로 말합니다.

"세강아, 좋은 소식이 있단다. 외할머니가 많이 좋아지셔서 일반 병실로 옮기셨어."

엄마는 행복한 표정으로 외할머니의 소식을 전합니다.

"우와! 정말요? 그럼 이제 외할머니가 나도 알아보는 거죠?"

"그럼, 우리 강아지 언제 오냐고 하시던걸."

"잘됐네. 그럴 줄 알았어. 당신 수고 많았어."

"당신한테도 세강이한테도 고마워요."

"완전히 건강해지신 거예요?"

"아직 퇴원은 못 하시지만 위험한 시기는 지나갔으니 점점 좋아지실 거야."

세강이는 엄마를 꼭 안아 줍니다. 엄마도 세강이를 꼭 안아 줍니다. 아빠는 세강이와 엄마를 꼭 안아 줍니다.

깊은 밤, 창밖은 어둠뿐입니다. 남아 있던 불빛들도 하나 둘 사라집니다. 달빛만이 세강이의 방 창문을 은은하게 비춰 줍니다. 세강이는 스르르 잠이 듭니다. 무지개다리가 놓여 있는 걸 본 세강이는 무지개에 올라탑니다. 세강이를 태운 무지개는 밤하늘을 날아갑니다. 새하얀 눈이 쌓여 있는 먼 바다입니다. 아기 북극곰이 아빠 곰과 수영을 하며 장난을 칩니다. 옆에는 엄마 곰도 있습니다. 행복한 모습입니다. 세강이도 행복해집니다. 달빛이 세강이의 얼굴을 환히 비춥니다.

CO_2를 줄이는 생활의 지혜

가정에서

식당에서

학교에서

회사에서

캠퍼스에서

유통매장에서

토론왕 되기!

어떻게 하면 탄소 배출을 줄일 수 있을까요?

전기 사용량이 예전보다 많은 요즘엔 건강은 물론 환경에도 좋지 않은 탄소 배출이 더더욱 심해지고 있어요. 일상생활에서 탄소 배출을 줄여 환경을 보호하는 방법을 같이 살펴볼까요?

1. 환경파괴 주범인 비닐봉투와 종이봉투의 사용을 줄여요.

마트나 백화점에 가면 늘 볼 수 있는 비닐봉투와 종이봉투! 50원, 100원만 내면 받을 수 있기 때문에 별 생각 없이 사게 되지만 정작 그 봉투들을 재활용해서 사용해 본 적은 거의 없지 않나요? 그런데 이 비닐봉투와 종이봉투가 환경을 파괴하는 주범이 되기도 한다는 사실! 일회용으로 쓰이는 비닐봉투와 종이봉투를 만드는 공장을 가동하는 데 전기가 필요하고, 다 만들어진 것을 운송하는 데에 연료가 필요하며, 사용했던 봉투들을 폐기하는 데에도 연료와 전기가 들어갑니다. 탄소가 배출되는 것은 물론, 금방 찢어지고 젖으면 사용할 수도 없다는 단점도 있습니다.

이제부터 일회용 봉투 대신 에코백, 시장바구니 등을 사용해 보세요. 요즘에는 환경을 생각하는 사람들이 많이 늘어나면서 예전처럼 칙칙한 컬러가 아닌 예쁘고 다양한 디자인의 장바구니, 에코백들이 등장하고 있답니다.

2. 안 쓰는 전기 플러그는 뽑아 두세요.

우리가 선을 꽂아둔 채로 사용하지 않는다고 하더라도 대기전력이라는 것이 흐릅니다. 대기전력은 전원을 끈 상태에서도 전기제품이 플러그를 통해 소모되는 전력을 뜻해요. 이러한 전기로 인해 낭비되는 전기는 약 10%로, 사용하지 않는데도 전기료를 내야 하는 것이죠.

전기료도 아끼고 탄소 배출을 줄이려면 사용하지 않는 전기는 반드시 꺼두고 플러그에 꽂혀 있는 콘센트 선도 다 뽑아 전류가 흐르지 않도록 합시다. 선을 분리하고 다시 꽂는 것이 귀찮다면 멀티탭을 사용하는 것을 추천합니다.

3. 우리나라에서 자란 우리 농산물을 먹어요.

혹시 푸드 마일리지를 아시나요?

항공 마일리지나 카드 마일리지는 들어봤어도 푸드 마일리지는 처음 들어 봤을 거예요. 푸드 마일리지는 식품 수송량에서 소비자까지의 수송거리를 곱한 것으로 식품 수송으로 발생하는 환경 부담의 정도를 나타내는 수치입니다.

푸드 마일리지 개념은 영국에서 먼저 시작되었어요. 가능한 가까운 곳에서 생산되는 농산물을 사먹는 것이 지역경제, 건강, 환경을 위해 좋다는 것이죠. 요즘 들어 칠레산 포도나 미국산 쌀, 중국산 채소 등을 사서 드시는 분들이 많은데요. 식품의 안정성을 보장받고 수출에 따른 환경오염을 줄일 수 있는 우리나라 농산물을 먹는 것은 어떨까요?

이외에도 탄소를 줄이기 위한 다양한 방법들이 있어요. 일상생활에서 실천할 수 있는 탄소 배출 방법에는 무엇이 있는지 함께 생각해 보아요.

1. 다음 중 신재생 에너지에 해당되지 않는 것은?

   ① 태양열
   ② 화석 연료
   ③ 풍력
   ④ 해양 에너지
   ⑤ 연료 전지

2. 다음은 친환경 에너지를 이용한 발전소의 모습입니다. 어떤 힘을 이용해 전기 에너지를 만드는지 빈칸을 채워보세요.

① _____ 의 힘을 이용한 '풍력 발전소'

② _____ 의 힘을 이용한 '태양광 발전소'

&정답&

1. ② 화석 연료
2. ① 바람 ② 태양

풍력 발전소는 바람을 통해 바람개비 같이 생긴 날개가 돌아가며 전기가 발생되고, 태양광 발전소는 태양 전지를 이용하여 전기를 생산해 내는 발전소에요.

최근 전 세계적으로 환경오염이 심각한 문제로 대두되고 있습니다. 화석연료를 이용하여 에너지를 만들어 내는 과정에서 이산화탄소나 유해물질이 발생되기 때문이지요. 그래서 최근에는 자연에서 얻을 수 있는 태양열, 풍력, 수력, 바이오매스, 폐기물, 지열 등을 이용한 신재생 에너지가 각광 받고 있습니다.

탄소배출권 관련 사이트

산림청 www.forest.go.kr
산림자원을 보호하고 육성하기 위해 만들었어요. 산림청 사이트에 탄소나무 계산기도 있어서 내가 소비하는 탄소 배출량이 얼마인지도 확인할 수 있지요.

국가환경정보 KONETIC www.konetic.or.kr
한국환경산업기술원이 운영하는 환경산업기술정보 포털사이트로 환경에 관련된 다양한 자료를 볼 수 있어요. 환경 분야 빅데이터를 분석하여 이용자들이 알기 쉽게 그림으로도 제공하고 있답니다.

한국환경산업기술원 KEITI www.keiti.re.kr
한국환경산업기술원은 환경기술 개발, 환경산업 육성, 녹색생활 확산을 지원하는 기관입니다. 기술개발에서 사업화 지원까지 다양한 분야의 업무를 수행하고 있어요.

환경부 www.me.go.kr
환경부는 우리나라 자연환경에 관한 일을 모두 담당해요. 각종 환경오염으로부터 우리 국토를 보존하여 사람들이 보다 쾌적한 자연, 맑은 물, 깨끗한 공기 속에서 생활할 수 있도록 삶의 질을 향상하고, 하나뿐인 지구를 보존하는 것을 목표로 하는 곳이에요.

온실가스종합정보센터 www.gir.go.kr
온실가스종합정보센터는 온실가스가 어디서 배출되고 있는지, 또 배출되는 양은 얼마인지 정확히 파악해 온실가스 감축 목표를 세우는 곳입니다. 우리나라는 물론 전 세계 온실가스 배출 및 감축 동향을 파악하고 있답니다.

순환자원거래소 www.re.or.kr
순환자원거래소는 환경부에서 운영하고 있는 e-나눔장터입니다. 단순히 중고제품만을 거래하는 것이 아니라 폐기물을 재활용 처리업체에 공급하여 폐기물 처리 비용을 감소시키는 등 다양한 친환경 거래의 장을 마련해 주고 있습니다.

탄소배출권 관련 사이트

탄소포인트제 cpoint.or.kr
가정이나 상점에서 온실가스 감축 실적에 따라 탄소 포인트를 발급하고, 이에 상응하는 인센티브를 제공하는 사이트예요. 참여자에게 제공되는 인센티브는 지방자치체에 따라 다양한데 현금 또는 교통카드, 상품권, 탄소캐시백, 종량제 쓰레기봉투, 공공시설 이용 바우처, 기념품 중에서 선택할 수 있어요. 탄소 포인트를 탄소 캐시백으로 전환하는 경우 OK캐시백 가맹점과 탄소 캐시백 가맹점에서 현금처럼 사용할 수 있죠.

한국 기후환경 네트워크 www.kcen.kr
저탄소 친환경 생활양식을 정착시키기 위해 온실가스 1인 1톤 줄이기 캠페인을 하고 있어요. 탄소발자국 계산기, 탄소가계부, 탄소발자국 기록장 등 다양한 친환경 실천 프로그램이 사이트에 있어 직접 계산이 가능하고 유용하게 쓸 수 있답니다.

기후변화센터 www.climatechangecenter.kr
기후변화센터는 갈수록 심각해지는 기후 변화를 극복하기 위해 정부·기업·학계·시민사회의 협력체가 되고자 설립된 곳이에요. 이곳에서는 여러 환경단체의 활동이나 환경과 관련된 통계, 기후에 관련된 자료 등 다양한 자료를 볼 수 있어요.

어려운 용어를 파헤치자!

탄소배출권 지구온난화의 주범인 이산화탄소(CO_2), 메탄(CH_4), 아산화질소(N_2O), 수소불화탄소(HFC_s), 과불화탄소(PFC_s), 육불화황(SF_6) 등 온실가스를 배출할 수 있는 권리를 말해요. 온실가스 중에서 이산화탄소 비중이 가장 높아 대표적으로 이산화탄소 배출을 규제하기 위한 것이랍니다.

온실가스 지구온난화를 일으키는 원인이 되는 가스 형태의 물질로, 공기 중의 이산화탄소, 메탄 등 지구를 따뜻하게 감싸는 기체를 말합니다.

지구온난화 여러 가지 환경파괴 때문에 지구의 평균 온도가 상승하는 현상이에요. 땅이나 물에 있는 생태계가 변화하거나 해수면이 올라가서 해안선이 달라지는 등 기온이 올라감에 따라 발생하는 문제를 포함하기도 해요.

유엔 기후변화협약 이산화탄소를 비롯한 온실가스 배출을 제한해 지구온난화를 방지하기 위해 세계 각국이 동의한 협약이에요. 1992년 브라질 리우데자네이루에서 150여 개국이 참석한 지구 환경 정상회담에서 '기후변화협약'을 채택했어요.

기후난민 지구온난화 및 여러 가지 개발로 인한 기후 변화로 홍수, 폭설, 가뭄 등 전 세계적으로 자연재해가 점점 심각해지는데, 이때 발생한 현상으로 피해를 보는 사람들을 기후난민이라고 합니다.

탄소발자국 동물이 걸을 때 땅에 발자국을 남기는 것처럼 우리가 생활하면서 직접 또는 간접적으로 발생시키는 온실가스(특히 이산화탄소)의 총량을 말합니다.

푸드 마일리지 식품의 수송량에 생산지에서 소비자까지의 수송거리를 곱한 것으로 식품 수송으로 발생하는 환경 부담의 정도를 수치로 나타낸 것입니다.

 **신나는 토론을 위한 맞춤 가이드**

탄소배출권에 대한 이야기를 재미있게 읽었나요? 이제 탄소배출권에 관한 한 박사가 다 되었다고요? 그 전에 마지막 단계인 토론을 잊지 마세요. 토론을 잘하려면 올바른 지식과 다양한 정보가 바탕이 되어야 해요. 책을 다 읽고 친구 또는 엄마와 함께 신 나게 토론해 봐요!

잠깐 토론과 토의는 뭐가 다르지?

토론과 토의는 모두 어떤 문제를 해결하기 위해 의견을 나누는 일입니다. 하지만 주제와 형식이 조금씩 달라요. 토의는 여러 사람의 다양한 의견을 한데 모아 협동하는 일이, 토론은 논리적인 근거로 상대방을 설득하는 일이 중요합니다. 토의는 누군가를 설득하거나 이겨야 하는 것이 아니기 때문에 서로 협력해서 생각의 폭을 넓히고 좋은 결정을 내릴 때 필요해요. 반면 토론은 한 문제를 놓고 찬성과 반대로 나뉘어 서로 대립하는 과정을 거치지요.

넓은 의미에서 토론은 토의까지 포함하는 경우가 많습니다. 토론과 토의 모두 논리적으로 생각 체계를 세우고, 사고력과 창의성을 높이는 데 도움을 준답니다.

토론의 올바른 자세

말하는 사람
1. 자신의 말이 잘 전달되도록 또박또박 말해요.
2. 바닥이나 책상을 보지 말고 앞을 보고 말해요.
3. 상대방이 자신의 주장과 달라도 존중해 주어요.
4. 주어진 시간에만 말을 해요.
5. 할 말을 미리 간단히 적어 두면 좋아요.

듣는 사람
1. 상대방에게 집중하면서 어떤 말을 하는지 열심히 들어요.
2. 비스듬히 앉지 말고 단정한 자세를 해요.
3. 상대방이 말하는 중간에 끼어들지 않아요.
4. 다른 사람과 떠들거나 딴짓을 하지 않아요.
5. 상대방의 말을 적으며 자기 생각과 비교해 봐요.

 **체계적으로 생각하기**

다음은 온실가스 배출이 지구 환경에 미치는 영향을 순서대로 나타낸 것입니다. 빈칸에 들어갈 과정을 채워보세요.

자동차, 공장 등에서 온실가스를 내뿜는다.

↓

↓

남극과 북극의 얼음이 녹아 해수면의 높이가 올라간다.

↓

대형 산불이나 폭우 같은 이상기후가 일어나고
땅의 높이가 낮은 지역은 물에 잠긴다.

논리적으로 말하기 1

환경오염을 줄일 수 있는 에너지가 있다고?

햇빛, 물, 바람뿐만 아니라 옥수수, 사탕수수와 같은 식물, 동물의 배설물, 우리가 사용하고 버린 폐기물까지 모두 에너지원으로 이용할 수 있다는 사실을 알고 있나요? 신재생 에너지는 재생 가능한 에너지를 전기, 열, 또는 연료로 변환시켜 이용하는 에너지입니다. 신재생 에너지를 이용하기 위해서는 초기에 시설 투자를 위한 많은 비용이 필요하지만, 에너지원이 거의 고갈되지 않기 때문에 지속적으로 이용이 가능하고 화석 연료에 비해 환경오염이 덜하다는 장점이 있어요. 그렇기 때문에 각 나라에서는 화석 연료와 원자력을 대체하여 사용할 신재생 에너지를 개발하기 위해 노력하고 있습니다. 다음 글을 읽고 여러분의 생각을 정리해 보세요.

새로운 에너지 자원 개발의 필요성
향후 20년 후에는 에너지의 수요와 공급의 불균형으로 인해 문제가 발생하고 50년 후에는 화석연료가 거의 고갈될 것으로 예상되고 있습니다. 에너지 고갈에 대비하기 위하여 자원을 절약하는 것도 중요하지만, 현실적으로 에너지 자원을 절약하는 것만으로는 문제를 해결하는 데에 한계가 있기 때문에 화석 연료를 대체할 신재생 에너지를 개발할 필요가 있게 되었습니다. 현재 선진국에서는 신재생 에너지 개발이 활발하게 추진되고 있으며, 실용화 단계에 접어들고 있습니다.

새로운 기술을 이용하여 만드는 신에너지
신에너지는 기존의 화석 연료를 변환시켜 이용하거나, 수소·산소 등의 화학 반응을 통해 전기 또는 열을 이용하는 에너지입니다. 새로운 자원을 개발하여 에너지원으로 이용하는 것이 아니라, 기존에 있던 에너지원에 새로운 기술을 도입하여 에너지를 얻는 것이라고 할 수 있지요.
우리나라에서도 3개 분야의 신에너지(연료 전지, 석탄액화가스화, 수소 에너지)와 8개 분야의 재생 에너지(태양열, 태양광, 바이오매스, 풍력, 소수력, 지열, 해양 에너지, 폐기물 에너지) 등 총 11개 분야를 신재생 에너지로 지정하여 신재생 에너지의 개발과 실용화를 위해 노력하고 있답니다.

1. 다른 나라들 중에서 개발되고 있는 신재생 에너지의 사례를 찾아봅시다.

2. 신재생 에너지의 장점과 단점을 조사해 봅시다.

논리적으로 말하기 2

탄소배출권 거래제. 도입해야 할까, 아니면 다시 검토해야 할까?

우리나라는 2015년부터 '탄소배출권'을 도입했습니다. 이렇게 하면 기업들이 점점 온실가스의 배출을 줄이게 되어 지구환경을 보호할 수 있다는 판단에서이지요. 하지만 규제가 느슨하고 대기업들의 이익만 더 늘어나 실질적인 온실가스 감축효과가 없다고 생각하는 의견도 많습니다. 중국과 미국도 이 제도를 전면적으로 시행하지 않는데다, 우리나라 기업에 엄청난 비용 부담을 줄 수 있다는 주장이지요.

탄소배출권 거래제. 도입하길 잘한 걸까요, 아니면 다시 검토해야 할까요? 다음 기사(S 일보)를 읽고 여러분의 의견을 적어 보세요.

대부분의 사람들이 알고 있듯이, 기온 상승을 억제할 수만 있다면 지구상에서 일어날 수 있는 재앙 및 인구 이동을 막을 수 있다. 파리 협약으로 인해 대기 오염을 막기 위한 숲 보존이 실시되었고, 녹색기후기금을 통해 개발도상국이 기후 변화에 적응하기 위한 경제적 지원을 받을 수 있게 되었다. 하지만 파리 유엔 기후변화협약이 꼭 장점만 있는 것이 아니다. 국가들이 협약 내용을 완벽히 지키지 않을 수도 있으며, 파리 협약이 제시한 '녹색 경제'가 결국에는 대기업들에게 큰 이익을 가져다줄 수도 있다. 이러한 '프랑스 파리 유엔 기후변화협약'이 이끌어낼 결과의 좋은 점과 나쁜 점에 대해 the guardian이 2015년 12월 15일에 보도했다.

기후변화협약이 왜 좋은가
1. 만약 1.5도의 기온 상승을 막을 수 있다면 재앙을 막을 수 있다.
2. 목표는 정해졌으며, 정부가 책임을 질 수 있다.
3. 대기 오염과 숲을 보존하는 것의 중요성이 주목받고 있다.
4. 재생 가능 기술에 대한 투자가 약속되었다.
5. 기후 변화에 취약한 국가들은 기후 변화 적응을 위해 해마다 천억 달러를 지원받는다.

기후변화협약이 왜 나쁜가
1. 국가들은 조약을 완벽히 지키지 않을 것이다.
2. 협약을 통해 시간을 정했지만 충분할까?
3. 대부분의 협약들은 작은 땅의 지주보다 대기업들에게 이익을 얻게 할 것이다.

탄소배출권 거래제, 도입해야 한다.

탄소배출권 거래제, 도입하지 말아야 한다.

창의력 키우기

한 주간 온실가스를 줄이기 위해 실천한 내용과 느낀 점을 기록해 보세요.

학교나 집에서 탄소를 많이 배출한 행동이 있다면 적어 보세요.

일상생활에서 탄소 배출을 줄이기 위한 방법으로는 무엇이 있을까요?
친구들과 의견을 나누어 봐요.

예시 답안

체계적으로 생각하기

자동차, 공장 등에서 온실가스를 내뿜는다.
▼
지구온난화 현상으로 지구의 온도가 올라간다.
▼
남극과 북극의 얼음이 녹아 해수면의 높이가 올라간다.
▼
대형 산불이나 폭우 같은 이상기후가 일어나고 땅의 높이가 낮은 지역은 물에 잠긴다.

환경오염을 줄일 수 있는 에너지가 있다고?

1. 현재 세계 각국은 신재생 에너지의 사용량을 늘리고 있으며, 경제가 발전한 선진국일수록 신재생 에너지의 사용 비율이 높습니다. 2010년 신재생 에너지의 비중을 확대하는 에너지전환 정책을 발표한 독일은 2013년 태양광과 풍력 분야 생산량의 65%가량을 해외로 수출했어요. 에너지 고효율 제품 글로벌시장에서 독일의 시장점유율은 20%로 미국(24%)에 이어 두 번째로 높은 시장점유율을 확보하고 있죠.
미국은 신재생 에너지, 특히 태양열을 이용한 전력 생산이 가장 많은 나라입니다. 스페인은 지중해성 기후를 이용한 태양열 발전의 비중을 높이고 있고, 이탈리아와 뉴질랜드에서는 지열 발전의 비중이 높지요. 뉴질랜드는 석탄 자원이 풍부하게 있음에도 대기 오염을 일으키는 화석 연료 대신 수력 발전과 지열 발전으로 전체 전력의 90%를 생산하는 친환경 에너지 국가예요.

2. **장점:** 에너지원이 거의 고갈되지 않기 때문에 지속적으로 이용이 가능하고 화석 연료에 비해 환경오염이 덜 된다는 장점이 있어요. 또한 다양한 분야에서 응용하여 이용할 수 있다는 강점이 있죠.
단점: 재생 에너지를 이용하기 위해서는 초기에 시설 투자를 위한 많은 비용과 공간이 필요하기 때문에 일부 대기업을 중심으로 개발될 수밖에 없다는 단점이 있습니다. 신재생 에너지가 화석 연료 대비 경쟁력을 갖추고 시장 환경이 조성될 때까지는 정부의 정책적 지원이 많이 필요합니다.

탄소배출권 거래제, 도입해야 할까, 아니면 다시 검토해야 할까?

도입해야 한다: 저는 온실가스 배출권 거래제 도입을 찬성합니다. 지구온난화를 늦추기 위해서는 이산화탄소의 발생량을 줄여야 합니다. 배출권 거래제는 적은 비용으로 온실가스를 줄일 수 있으므로 온실가스 배출권 거래제를 시행한다면 이산화탄소가 많이 줄어들 것입니다. 다른 나라가 먼저 도입하지 않더라도, 그전에 우리나라부터라도 시작해 모범을 보인다면 다른 나라도 따라하게 될 것이고 그렇게 되면 지구온난화는 조금이라도 늦춰질 것입니다.

도입하지 말아야 한다: 저는 온실가스 배출권 거래제 도입을 반대합니다. 물론 환경문제를 해결하는 데는 효과가 있겠지만, 우리나라만 실시한다고 온실가스가 많이 줄어들 것 같지 않습니다. 게다가 대기업들은 돈이 많으니까 돈을 주고 온실가스 배출권을 사면 되지만 중소기업에게는 경제적으로 큰 부담이 될 것입니다. 중소기업 중에는 직원들의 월급을 주기에도 빠듯한 곳이 많은데, 이 제도가 시행되면 일자리 창출은 꿈도 꾸지 못할 것입니다. 지구온난화 문제를 해결하는 것은 중요합니다. 그러나 일자리 창출을 위해 먼저 노력하고 경제위기를 극복한 뒤 온실가스 배출권 거래제를 시작해도 늦지 않다고 생각합니다.

AI 시대 미래
토론

과학토론왕
정가 520,000원

✓ 뭉치북스가 만든 국내 최초 토론
✓ 한국디베이트협회와 교육

공부다!
인재를 위한 과서

200만 부 판매 돌파!

사회토론왕
정가 520,000원

✅ **초등 국어 교과서 선정 도서!**
문가들이 강력 추천한 책!

- 한우리 추천도서
- 경향신문 추천도서
- 경기도 초등토론 교육연구회 추천
- 경기도 지부 독서 골든벨 선정도서
- 환경정의 어린이 환경책 권장도서
- 학교도서관 사서협의회 추천도서
- 한국 아동문학인협회 우수도서

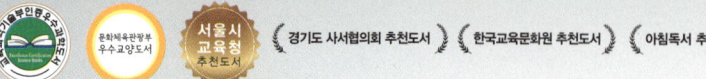

뭉치수학왕

수학이 쉬워지고, 명작보다 재미있는

100만 부 판매 돌파!

"인공지능(AI) 시대의 힘은 수학에서 나온다!"

개념 수학

〈수와 연산〉
1. 양치기 소년은 연산을 못한다
2. 견우와 직녀가 분수 때문에 싸웠대
3. 가우스, 동화 나라의 사라진 0을 찾아라
4. 가우스는 소수 대결로 마녀들을 물리쳤어
5. 앨런, 분수와 소수로 악당 히들러를 쫓아내라
6. 약수와 배수로 유령 선장을 이긴 15소년

〈도형〉
7. 헨젤과 그레텔은 도형이 너무 어려워
8. 오일러와 피노키오는 도형 춤 대회 등을 했어
9. 오일러, 오즈의 입체도형 마법사를 찾아라
10. 유클리드, 플라톤의 진리를 찾아 도형 왕국을 구하라
11. 입체도형으로 수학왕이 된 앨리스

〈측량〉
12. 쉿! 신데렐라는 시계를 못 본다
13. 일쏭달쏭 알라딘은 단위가 헷갈려
14. 아르키는 어림하기로 걸리버 아저씨를 구했어
15. 원주율로 떠나는 오디세우스의 수학 모험

〈규칙성〉
16. 떡장수 할머니와 호랑이는 구구단을 몰라
17. 페르마, 수리수리 규칙을 찾아라
18. 피보나치, 수를 배열해 비밀의 방을 탈출하라
19. 비례배분으로 보물섬을 발견한 해적 실버

〈자료와 가능성〉
20. 아기 염소는 경우의 수로 늑대를 이겼어
21. 파스칼은 통계 정리로 나쁜 왕을 혼내 줬어
22. 로미오와 줄리엣이 첫눈에 반할 확률은?

융합 수학

23. 개념 수학-백점 맞는 수학 문장제①
24. 개념 수학-백점 맞는 수학 문장제②
25. 개념 수학-백점 맞는 수학 문장제③

융합 수학

26. 쌩둥이 건물 속 대칭축을 찾아라(건축)
27. 열차와 배에서 배수와 약수를 찾아라(교통)
28. 스포츠 속 황금 각도를 찾아라(스포츠)
29. 옷과 음식에도 단위의 비밀이 있다고?(음식과 패션)
30. 꽃잎의 개수에 담긴 수열의 비밀(자연)

창의 사고 수학

31. 퍼즐탐정 셜렁홈즈①-외계인 스콜피오스의 음모
32. 퍼즐탐정 셜렁홈즈②-315일간의 우주여행
33. 퍼즐탐정 셜렁홈즈③-뒤죽박죽 백설 공주 구출 작전
34. 퍼즐탐정 셜렁홈즈④-'지지리 마란드러' 방학 숙제 대작전
35. 퍼즐탐정 셜렁홈즈⑤-수학자 '더하길 모태'와 한판 승부
36. 퍼즐탐정 셜렁홈즈⑥-설국언차 기관사 '어러도 달리능기라'
37. 퍼즐탐정 셜렁홈즈⑦-해설 및 정답

수학 개념 사전

38. 수학 개념 사전①-수와 연산
39. 수학 개념 사전②-도형
40. 수학 개념 사전③-측정·규칙성·자료와 가능성

정가 520,000원